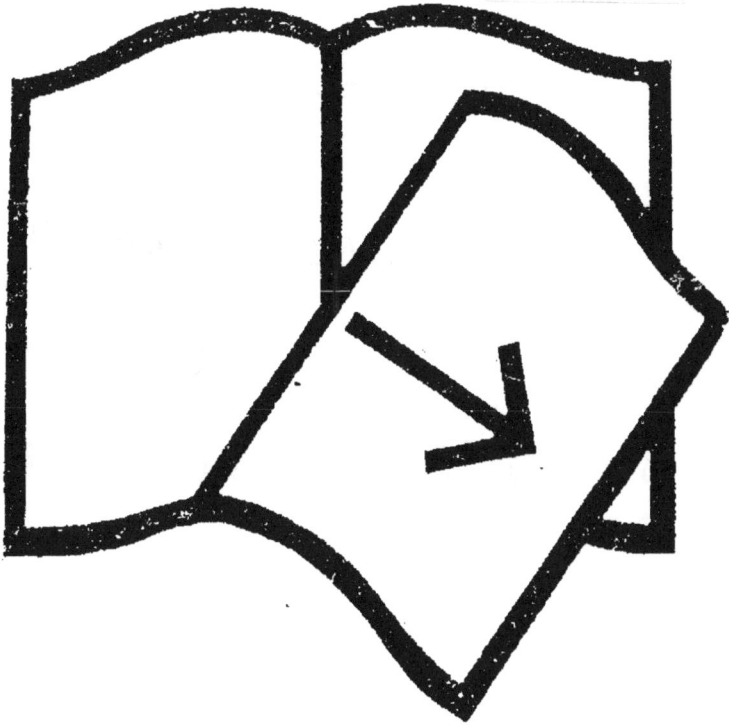

Couvertures supérieure et inférieure
manquantes

HISTOIRE DU DROIT

DES ORIGINES

DE LA

COMMUNAUTÉ DE BIENS

ENTRE ÉPOUX

HISTOIRE DU DROIT

DES ORIGINES

DE LA

COMMUNAUTÉ DE BIENS

ENTRE ÉPOUX

PAR M. LOUIS PASSY

DOCTEUR EN DROIT, AVOCAT A LA COUR IMPÉRIALE DE PARIS

ARCHIVISTE PALÉOGRAPHE

PARIS

TYPOGRAPHIE DE FIRMIN DIDOT FRÈRES, FILS ET Cⁱᵉ

IMPRIMEURS DE L'INSTITUT DE FRANCE

RUE JACOB, 56

1857.

DES ORIGINES

DE LA

COMMUNAUTÉ DE BIENS

ENTRE ÉPOUX

L'origine de la communauté de biens entre époux est une des questions les plus délicates et les plus controversées de l'histoire du droit. Plus de vingt savants sur les difficultés de la matière ont exercé leurs plumes; et il ne faut rien moins qu'une conviction profonde pour oser, après MM. Laboulaye et Tardif, Laferrière et Ginoulhiac, entrer dans le débat. Je ne prétends point avoir découvert la vérité tout entière, mais, par des recherches étendues, un grand nombre de preuves inédites, des conclusions nouvelles, j'espère l'avoir quelquefois atteinte. C'est assez : un autre plus heureux résoudra le problème.

SECTION I.

Des origines celtiques, romaines et germaniques de la communauté de biens entre époux.

1. *Des origines celtiques.*

Toute la discussion roule sur un texte de César.

Beaucoup d'auteurs ont pensé que la communauté de biens entre époux avait une origine celtique, et entre autres, Pasquier, Grosley et Heineccius; mais Grosley confond les Gaulois et les Germains [1], et Heineccius suppose que les fruits produits par le capital commun se partagent entre l'époux survivant et les héritiers du défunt [2] : double erreur. M. Pardessus, après s'être rangé à l'opinion de Grosley dans son mémoire sur l'origine du droit coutumier [3], a changé d'avis, et voit dans le texte de César, non pas l'origine de la communauté légale, mais l'origine de la communauté d'acquêts [4]; l'application en un mot des articles du code 1498 et 1525. Nous ne pouvons adhérer à cette doctrine : le texte de César suppose des apports déterminés, convention prévue par l'article 1500 et non par l'article 1498. César dit que les fruits seront capitalisés, et dans la communauté d'acquêts ils sont consommés définitivement au profit du ménage commun. L'article 1498 suppose l'exclusion de la masse commune, des biens apportés par les époux, le prélèvement de ces biens par chacun d'eux, au jour de la dissolution. Le texte de César nous montre une masse des biens propres aux deux époux, et l'attribution de cette masse au survivant. Enfin l'article 1525 réserve aux héritiers de l'autre époux le droit de reprendre les apports, tandis que César enlève l'apport aux héritiers de l'époux prédécédé.

M. Tardif, dans un travail très-distingué sur les origines de la communauté, a rapproché ce texte d'un autre d'Ulpien, et, partant de cette ingénieuse conciliation, M. Humbert, dans son grand travail sur les contrats nuptiaux, couronné récemment par l'Académie des sciences morales et politiques, a développé un système que nous proposons avec lui.

« *Viri quantas pecunias ab uxoribus dotis nomine acceperunt, tantas ex suis bonis æstimatione facta cum dotibus communicant.* » Les maris gaulois reçoivent de leurs femmes, à titre de dot, des valeurs (*pecunias*); *pecuniæ* signifie toute espèce de valeurs. De ses biens personnels le mari fait une mise égale; une estimation constate cette égalité. Quel est son effet? L'estimation vaut vente; elle transporte la propriété de la dot de la femme. Le mari se trouve propriétaire de la masse, sous

1. *Recherches pour servir à l'histoire du droit français*, p. 8.
2. *El. jur. Germ.*, lib. XIII, § 263.
3. *Mém. de l'Acad. des inscr.*, t. X, p. 752.
4. *Loi salique*, p. 675.

la condition de rendre à la dissolution du mariage une valeur égale à celle constatée par l'estimation : *Viri communicant,* dit le texte; donc la femme n'a aucun droit à la codirection de ces biens. La dépendance de la femme à l'égard d'un mari qui sur elle a le droit de vie et de mort, l'analyse exacte du texte de César, me conduisent à penser que le mari réunissait dans sa main l'administration comme la propriété. Je supplie qu'on fasse attention aux mots *pecunias, tantas quantas, communicant, æstimatione facta :* tous ces mots n'indiquent-ils pas un apport de quantités? Et si le mari n'est censé avoir reçu que des quantités, comment restituerait-il autre chose que des quantités? Comment supposer qu'il lui faille conserver en nature des meubles, des troupeaux, des fruits? Comment faire une masse commune de choses aussi diverses que des fonds de terre, ou de l'argent, des meubles ou des animaux? Si l'on frappe la dot et l'apport du mari d'une égale indisponibilité, on crée en faveur de la femme un système de garanties qui n'existait pas même chez les Romains au temps de César : on immobilise des biens dont le mari est resté propriétaire. Malgré l'autorité et le respect dus à l'accord de MM. Giraud[1], Laferrière[2] et Kœnigswarter[3], je ne puis croire que le mari n'ait pu librement, mais bien entendu sous la réserve du droit de la femme survivante, exploiter, administrer, disposer même des biens mis en commun. *Hujus omnis pecuniæ conjunctim ratio habetur : et fructus servantur.* On tient un seul et même compte pour toutes ces valeurs réunies et les intérêts sont mis de côté; ce compte est tenu pour déterminer les intérêts qui devront être remboursés. Évidemment *fructus* se traduit par intérêts, ce ne sont pas les fruits en nature. On ne peut conserver des moissons ou des bœufs jusqu'à la dissolution du mariage : nouvelle preuve qu'il s'agit ici de valeurs, de quantités, et nullement de biens déterminés. Ce système de conservation des intérêts a paru si étrange, qu'on a douté de la véracité de César. Mais César ne s'est pas trompé. Ulpien, loi 4, au Digeste, *de Pactis dotalibus,* demande s'il est permis de constituer en dot des fruits. La difficulté naît de ce que la dot devant être rendue, si les fruits, les

---

1. Giraud, *Essai sur l'histoire du droit français,* t. I, p. 35.
2. Laferrière, t. II, p. 465.
3. Kœnigswarter, *Histoire de l'origine de la communauté,* p. 35.

revenus sont la dot, il semble qu'il n'y ait pas de dot. Marcellus, sur la même question, répondait : *Erunt igitur in dote fructus, et fruetur iste usuris quæ et fructibus collectis, et in sortem redactis percipi possunt.* Et Ulpien disait : *Si pactum tale intervenit, ut maritus fructus in dotem converteret, et mulier se suosque aleret, tuereturve, et universa onera sua expediret? Quare non dicas conventionem valere?* Ce fragment est le commentaire du texte de César : il prouve la puissance de la convention gauloise, et sa validité dans le droit romain. Qu'y a-t-il d'étonnant? Croit-on que le mari n'ait aucun intérêt à posséder une masse de valeurs? La propriété des objets ne peut-elle pas fournir un revenu supérieur à celui que fixe l'estimation? L'argent, par l'usage que l'on en fait, ne peut-il pas s'élever au-dessus de l'intérêt ordinaire? Le mari trouvera donc, même en mettant de côté les intérêts, dans l'usage et la disposition des valeurs réunies, un bénéfice réel. Je conclus : le mari n'était tenu que de rendre les apports et les fruits; ayant la libre exploitation du capital, il gardait les acquêts, et gardant les acquêts, il était tenu des charges du ménage. Peut-être faudrait-il dire comme Ulpien, que la femme devait pourvoir à ses propres dépenses? Ce qu'il y a de certain, c'est que le texte de César ne crée pas pour la femme l'obligation d'apporter en dot tous ses biens, et que la paraphernalité semble avoir été le droit commun de la Gaule. Nous voilà bien loin de la communauté. Enfin César dit : *Uter eorum vita superarit, ad eum pars utriusque cum fructibus superiorum temporum pervenit;* celui qui survit recueille la part de l'autre avec les intérêts des années antérieures. Remarquons que la part recueillie est la *pars pecuniæ estimatæ,* et qu'en parlant des *fructus superiorum temporum,* César ne parle pas des acquêts, qui d'ailleurs devaient être peu considérables.

En définitive, nous proposons de voir dans le texte de César un apport réciproque de valeurs égales, exploitées par le mari librement et à son profit pendant le mariage, mais à charge de rendre une pareille valeur avec les intérêts intermédiaires, à la femme, si elle survit. On ne doit donc en aucune façon rattacher la communauté aux principes gaulois. La seule chose qu'on puisse dire, c'est qu'ayant pour base l'égalité des apports et l'égalité des droits, quant à la dévolution, le régime décrit par César a préparé les esprits à l'idée d'une société civile entre époux.

2. *Des origines romaines.*

Il n'est pas de législation plus contraire à la communauté que celle des Romains. N'en cherchons pas d'autres causes que l'organisation politique de la famille. La famille romaine est une famille civile. La puissance est la base sur laquelle elle repose; *potestas* à l'égard des enfants, des esclaves, *manus* à l'égard de la femme. Or, de deux choses l'une : ou la femme est passée *in manu* au moyen de certaines solennités, et Gaïus nous dit : *Erat mulier mater familias viro filiæ loco;* la femme *in manu* n'est plus *sui juris;* la personnalité de la femme, la propriété de ses biens se perd dans la toute-puissance du mari ; — ou le mariage s'est fait sans la convention *in manum*, la femme n'est qu'*uxor;* elle n'est plus *mater familias* : chacun des époux conserve ses biens. La femme reste dans sa famille et sous la tutelle de ses proches.

La *manus* tomba en désuétude , et le mariage libre se développa ; mais ce mariage libre , c'était, au milieu de la communauté de la vie, l'isolement des époux, la séparation des biens et des intérêts. De là toute la législation sur la dot. Dans le développement du régime dotal, dans la faculté illimitée du divorce, dans ces unions passagères où les deux époux restaient étrangers l'un à l'autre , dans le caractère avare et cupide du peuple romain, je trouve autant de réponses à la doctrine des Hotman, des Brisson, des Bouhier [1]. Les mœurs étaient trop contraires à la communauté pour qu'il ne faille pas se défier des textes les plus concluants.

On cite un passage de Columelle (lib. XII , *de re Rust.*) : *Nihil conspiciebatur in domo dividuum, nihil quod aut maritus aut femina proprium esse juris sui diceret.* Mais ce texte fait allusion à cette communauté de fait qui existait aux premiers siècles de Rome, et qu'on retrouve dans toutes les sociétés naissantes. On lit dans Denys d'Halicarnasse (*Ant. Rom.*, II, 25): la femme qui a passé sous la puissance du mari avec le cérémonial prescrit, devient avec lui commune : expliquons-nous ; la femme, en échange de la propriété de ses biens , acquiert sur

---

1. Hotman, *Ant. Rom.*, l. II (Op. t. III, p. 416). — Brisson, *Op. varia, de Ritu. nupt.*, p. 165. — Bouhier, *Cout. de Bourg.*, t. I, p. 179, n° 37.

les biens du mari un droit de succession, mais un droit de succession égal à celui de ses propres enfants. Est-ce bien la communauté? Reste un certain nombre de textes qui reconnaissent dans le mariage une société entre époux, et entre le mari et la femme une égalité théorique de droits. M. Tardif les a recueillis; c'est surtout la définition du mariage par Modestin (l. I, *de Ritu nupt.*) : *Consortium omnis vitæ, divini et humani juris communicatio;* une constitution de Gordien qui appelle l'épouse *socia rei humanæ atque divinæ* (C. IX, 32, ?; ces vers de Martial (75, liv. IV) :

> Te patrios miscere juvat cum conjuge census,
> Gaudentem socio participique viro ;

enfin un texte de Scævola, loi 16; § 3, *De alim. vel cibar. legatis,* où l'on voit une société universelle de tous biens entre conjoints, avec partage égal entre le survivant et l'héritier ; mai rien ne distingue cette association des sociétés ordinaires entre étrangers; et quant au mode de partager, il résulte d'un testament. La question est une question de fidéi-commis, et la solution, *non amplius quam quod vir pro sua parte præstabat deberi.*

Des textes de Modestin, de Nerva, de Scævola, de Martial, que faut-il penser? C'est qu'au-dessous des différences imprimées aux législations par des civilisations diverses, le fond des choses reste le même. Les jurisconsultes romains n'étaient pas seulement d'ingénieux et subtils esprits qui tiraient des conclusions de principes une fois posés, et qui faisaient la synthèse d'un droit fondé sur une organisation politique et artificielle : en vrais philosophes, ils cherchaient, trouvaient et proclamaient les vérités qui découlent de l'organisation naturelle; or, qu'est-ce que le mariage? une société entre époux [1]; et dans cette société, plus que dans aucune autre, n'est-il pas légitime de présumer l'égalité des associés? Voilà comment Paul a décidé que le mari, comme associé, *diligentiam præstabit quam in suis exhibet* [2]. Il est certain que les époux romains pouvaient contracter des sociétés, en contractaient parfois sur des bases d'égalité; mais il est certain aussi que les belles définitions du mariage sont restées

---

1. D. Tryphoninus, fr. 52, *de Re jud.*
2. D. Paul, fr. 17, *de Jure dotium.*

des utopies, et que la communauté a trouvé dans les mœurs comme dans le droit d'insurmontables obstacles. Nous dirons donc, avec Renusson et Lebrun : « Par le droit romain, il n'y avait point de communauté de biens entre le mari et la femme. »

3. *Des origines germaniques.*

Nous n'avons trouvé la communauté ni dans le droit celtique ni dans le droit romain. La trouverons-nous dans le droit germanique? la trouverons-nous dans la Germanie de Tacite? Si la patrie était tout le fond d'un Romain, l'indépendance était tout le fond d'un barbare. Le Germain s'isole pour rester libre, il s'entoure pour garantir sa liberté. Autour de lui et sous lui, sa famille, ses clients, ses esclaves. La polygamie est le droit commun des peuples du Nord. L'histoire nous montre que l'exception de Tacite est la règle. « *Nam prope*, dit Tacite, *soli Barbarorum singulis uxoribus contenti sunt ; exceptis modum paucis, qui non libidine sed ob nobilitatem plurimis nuptiis ambiuntur* [1]. » L'homme puissant fait gloire du nombre de ses épouses, mais comme d'autant de choses dont il use, qu'il peut abandonner, vendre ou détruire, qu'on brûlera peut-être à ses funérailles [2]. Pour lui le mariage est un marché, et le marché se renouvelle au gré de ses désirs. Cette phrase de Tacite sépare profondément la condition de l'homme et de la femme. L'homme peut avoir plusieurs épouses, la femme ne peut avoir qu'un époux. « *Sic unum accipiant maritum, quomodo unum corpus unamque vitam* [3]. » Et, je le demande, la communauté peut-elle naître au sein de la polygamie? Ce qui a fait illusion, c'est le respect dont le Germain entoure la femme, c'est la protection dont il la couvre. Comment s'en étonner? Dans les sociétés barbares, la femme est le premier des biens ; le Germain défend sa femme comme il défend ses troupeaux. En vengeant sa femme, il se venge lui-même : c'est toujours lui et son indépendance qui sont en cause. Aussi ne faut-il attacher aucune importance juridique à cette expression,

---

1 Tacite, 18.

2. Ozanam, *Études sur la Germanie*, t. I, p. 99. — Depping, *Hist. des expédit. maritimes*, t. I, p. 49.

3. Tacite, 19.

laborum periculorumque socia [1]. Ne voit-on pas pourquoi Tacite trace des mœurs étrangères un si charmant tableau? et le censeur des mœurs romaines ne se trahit-il pas dans le panégyriste de la Germanie?

Cette organisation du mariage germain repousse, ce me semble, le principe de la communauté; cependant on insiste; on désigne même l'institution qui lui a donné naissance, et cette institution, c'est le *mundium*. Le *mundium*, c'est-à-dire une mise de la famille dans la main du chef, une autorité spéciale sur la personne et les biens. La femme est soumise à un *mundium*, à une tutelle perpétuelle. Fille, elle est dans la main de son père; épouse, dans la main de son mari; veuve, dans la main de son fils ou de ses proches. « *Dotem non uxor marito*, dit Tacite, *sed uxori maritus offert* [2]. » Tacite voudrait faire croire à une dot, à une donation, mais cette dot n'est autre que le prix du *mundium*, *pretium nuptiale*, *pretium emptionis*, comme disent les lois barbares. Comment de cette puissance germanique faire découler la communauté? Je ne le vois pas. Qu'on soutienne que le *mundium* ait contribué au développement de la société conjugale; que, réduit à une simple mainbournie, il ait donné au mari le droit de diriger souverainement les biens communs, d'accord. Mais que cherchons-nous? Le moment, l'occasion où les droits de la femme sur la masse de la fortune conjugale ont été consacrés. Qui ne voit que l'essence de la communauté est l'égalité dans l'association, tandis que l'essence de la puissance maritale est la hiérarchie? Dans toute législation où la puissance maritale est très-développée, le principe de la communauté doit souffrir. Je me garde d'assimiler la *manus* et le *mundium*; mais, avec Ducange, je constate que ces deux institutions ont une nature commune : toutes deux constituent à des degrés très-divers l'autorité du mari sur la femme. Aussi de la *manus*, comme l'a enseigné Laurière; du *mundium*, comme l'ont soutenu MM. Kœnigswarter, Klimrath, Dubois et Ginoulhiac [3]; en un mot, d'un régime d'autorité, de

---

1. Tacite, 18.
2. Tacite, 18.
3. Kœnigswarter, *Rev. de leg. et de jur.*, 1843, t. XVII, p. 399 et 452. — Klimrath, *Ibid.*, t. IV, p. 61. — Dubois, *Rev. de leg. et de jur.*, 1849, t. III, p. 385. — Ginoulhiac, *Histoire du régime dotal*, p. 285 et suiv. — Ce système a été suivi en Allemagne par des hommes éminents : MM. Philipps, Eichorn, Mittermaïer.

tutelle dont le principe est l'inégalité, je ne puis faire sortir un régime d'association conjugale dont la base est l'égalité.

Une dernière et importante remarque. Si la communauté venait du droit romain, elle aurait pris son essor dans les pays de droit écrit. Or, c'est dans le nord de la France que ce régime de mariage s'est le plus développé. De même, si la communauté était dérivée du *mundium*, elle aurait dû se perpétuer dans les pays du Nord, où le *mundium* s'est conservé jusqu'à nos jours. Et précisément, dans ces contrées, la femme n'a jamais eu sur la fortune conjugale que les droits d'un héritier [1].

SECTION II.

De la communauté du cinquième au onzième siècle.

I.

J'arrive au moment décisif où le droit aux acquêts va naître. Pour la première fois il est consacré dans les coutumiers barbares ; mais quelle est l'origine de ce droit ? Quelle en est la nature ? D'où vient-il et quel est-il ?

Le droit aux acquêts a des origines chrétiennes. Trouvant un appui dans la distinction germanique des propres et des acquêts, dans le désir de relever le sort de la femme exclue des immeubles propres, de la *terra alodis, aviatica, salica*, peut-être même dans quelque usage établi, l'Église fit inscrire le droit aux acquêts dans les coutumiers barbares. Le droit aux acquêts fut une transformation du morgengab, comme la communauté coutumière fut en partie, je dis en partie, une transformation du droit aux acquêts.

Cette théorie est nouvelle, essayons de la justifier.

Et d'abord un fait incontesté : l'influence incessante, univer-

1. M. Tardif, p. 17. — Hein., *El. jur. Germ.*, t. I, p. 276-288.

selle de l'Église. Partout et toujours on la trouve dictant aux rois francs les capitulaires, rédigeant les lois barbares, et dans les actes quotidiens de la vie civile faisant prévaloir, par la plume des clercs les préceptes de l'Évangile ou les décisions des conciles. Parcourons tour à tour les coutumiers barbares, mais n'oublions pas qu'aucun de ces coutumiers ne nous offre les principes germaniques dans leur pureté. Tous sans exception reflètent la société telle qu'elle s'était refaite sous l'action de l'Église et au contact des idées romaines; tous portent le cachet d'une transaction entre les éléments divers qui se disputaient l'empire du droit.

Loi Ripuaire. — Commençons par la loi Ripuaire. La rédaction que nous possédons, le prologue le dit, date du roi Dagobert, l'ami de saint Éloi, le bienfaiteur des abbayes. La loi fut rédigée, *secundum legem christianorum,* par Claudius, Chadoindus, Magnus et Agilulf. Claudius d'origine romaine, fut maire du palais du royaume de Bourgogne; Magnus était un abbé que Didier, évêque de Cahors, protégeait; Agilulf, suivant le témoignage de Frédegaire, était évêque de Valence[1]. Voilà l'intervention de l'Église dans la loi Ripuaire prouvée.

Dans quelle mesure, en matière de mariage, cette intervention s'exerça-t-elle?

Deux cas peuvent se présenter : ou les parties ont dressé un acte, ou les parties n'ont point dressé d'acte.

I. Les parties ont dressé un acte. Il sera rédigé, en latin, par les clercs; mais l'Église craint que cet acte ne soit violé; elle connaît l'inconstance et la violence de l'époux barbare. De là le § 1 du titre 37 qui assure la liberté des parties et l'irrévocabilité des conventions « *Si quis mulierem desponsaverit, quicquid ei per tabularum seu chartarum instrumenta conscripserit, perpetualiter inconvulsum permaneat.* » Les conventions matrimoniales, peut-être rares à l'origine, se multiplièrent rapidement. La nouvelle position morale que le mariage chrétien assurait à la femme imposait des devoirs au mari franc; l'Église les lui fit remplir. Un acte constitua le morgengab. La femme reçut par donation du mari une part dans les futurs acquêts.

Soutenir en effet que la femme fût copropriétaire des acquêts,

---

1. Savigny, *Histoire du droit romain,* ch. ix, § 32. — Pétigny, *De l'origine de la lois des Bavarois* (*Revue historique de droit français,* 1856, p. 309).

c'est lui donner dans la société, dans la famille germaine, un rang qu'elle n'avait pas. Le partage des acquêts suppose l'égalité des époux et une égalité juridique. Tout prouve que cette égalité n'existait pas. En achetant la femme, le mari achetait le *mundium*. Le *mundium* d'une part, en imposant au mari le devoir de la protection, lui donnait le droit de recevoir le whergeld, et de l'autre, en lui assurant la propriété des fruits et revenus de tous les biens, lui imposait l'obligation de payer les dettes. Ainsi la personnalité du mari dominait dans le régime des biens, et sauf l'aliénation des biens propres de la femme, on peut dire que le mari avait tout pouvoir, toute jouissance. N'est-il pas naturel de conclure que le mari avait la propriété absolue des acquêts et des meubles? Seuls les principes sur le *mundium* nous conduiraient à cette solution; il s'en faut de beaucoup que les textes nous soient contraires. D'abord nous voyons le mari disposer des acquêts pendant le mariage, en faveur de quiconque; nous le voyons mille fois disposer des acquêts en faveur de sa femme, les lui assurer par donation; la femme n'y avait donc pas un droit personnel. Enfin, il est très-important de remarquer que les lois ne règlent les droits de l'épouse sur les acquêts que dans le cas de survie. La formule 17, livre II, de Marculfe ne fait pas obstacle.

Cette formule est un testament conjonctif dont l'usage était devenu fréquent depuis la novelle de Théodose. Il n'y a aucune raison pour ne pas l'appliquer aux Romains et aux Francs; elle appartient à ce droit coutumier qui se forma par les mœurs et sous l'action de l'Église, dans la décadence des législations personnelles.

Pour bien comprendre la formule 17, il faut supposer un acte antérieur, un *dotalitium*. Le mari a fait à la femme une donation du tiers de certains biens présents, et du tiers des acquêts futurs. Ceci posé, tout s'explique. Le mari commence, il fait plusieurs legs. *Villas illas filius noster recipiat, villas illas Basilica recipiat.* Or, le mari lègue précisément les villas dont la femme a ou peut avoir un tiers. « *Sed dum in villas aliquas, quas superius memoravimus, quas ad loca sanctorum heredibus nostris deputavimus, quod pariter stante conjugio adquisivimus prædicta conjux nostra tertiam inde habere potuerat.* » Le mot *potuerat* indique assez bien un droit acquis, mais ne s'ouvrant qu'à la mort du mari. Le mari ne peut donc pas disposer des biens qui servent de gage au droit de la femme, sans donner en échange une part égale, sur ses biens personnels. En un mot, le mari change l'assiette du *dotalitium*, comme au moyen âge il changera, pour une raison ou pour une autre, l'assiette du douaire [1]. *Propter ipsam tertiam*, ajoute le mari, *villas nuncupantes illas sitas in pagos illos, in integritate, si nobis subreptis fuerit, in compensatione recipiat.* Ces mots *si nobis subreptis fuerit, in compensatione recipiat*, doivent s'entendre en ce sens : *que la femme survivante reçoive en compensation.* Le mari, en faisant un testament, prévoit le cas où il prédécède; s'il ne prédécédait pas, son testament ne s'ouvrirait pas. Les legs, l'échange des biens sur lesquels est constitué le *dotalitium*, tout serait caduc. Donc le mari a raison de dire que la compensation n'aura lieu que si la femme survit. Cette théorie est pleinement confirmée par cette phrase : « *si tu mihi, dulcissima conjux suprestis fueris et ad alio marito transire volueris, omnem facultatem meam, quod ad usufructu possidere tibi concessimus, vel quod a die præsente deputavimus, et habere potueras, hoc præsentaliter hæredes nostri recipiant inter se dividendum.* » Si la femme était copropriétaire des acquêts, comment le mari pourrait-il soumettre le droit de propriété de la femme à cette condition qu'elle ne se remarie pas? Pour qu'il puisse modifier le droit de la femme, il faut que le mari l'ait créé. Voilà ma conjecture au sujet du *dotalitium* prouvée. Ainsi le *dotalitium* a établi au profit de la femme un droit dont l'étendue ne peut être fixée qu'à la dissolution du mariage, dont l'ouverture est en partie soumise à un terme, la mort de l'un des époux, et l'existence à cette condition, que la femme ne se remarie pas.

Supposons, maintenant, que la femme meure la première. Le mari a constitué en *dotalitium* à la femme le tiers de certain biens présents et le tiers des acquêts futurs. La femme est donc donataire du tiers des biens désignés dans le contrat, et associée pour le tiers des acquêts futurs réalisés au moment du décès. La femme peut donc léguer à son mari, comme laisser à ses héritiers, le montant du *dotalitium*. Et c'est ainsi qu'elle dit : *Si tu, domne et jugalis meus, mihi suprestis fueris, omni corpore*

---

1. *Cartul. de Saint-Bertin*, t. I, p. 201, n° 27, an. 1084. Ego Gerbodo et Ada conjux mea hæc ego omnia sciens, alodium meum, hoc est tertiam partem tocius villæ Ostreseld, quod prius conjugi mee in dotalitium dederam, ea ipsa consentiente et rogante, do... *Cart. de Savigny*, t. I, p. 124, an. 980. Le mari donne le *sponsalitium*.

facultate mea, quantumcunque ex successione parentum habere videor, vel in tuo servitio pariter laboravimus, et quod in tertia mea accepi, in integrum, quicquid exinde facere elegeris, absque repetitione heredum meorum, quod tua decrevit voluntas faciendi liberam habeas potestatem. Il faut remarquer que cette expression, *absque repetitione heredum meorum,* porte aussi bien sur *quantumcunque ex successione parentum,* que sur *vel in tuo servitio pariter laboravimus,* et que sur *quod in tertia mea accepi.* Quant à cette expression *quod in tertia mea accepi,* elle vise non pas l'échange, puisque cet échange est subordonné à la survie de la femme et elle est morte (*si nobis subprestis fuerit, in compensatione recipiat*), mais la donation des biens présents contenue dans le *dotalitium.* La formule ne dit pas *quod pro tertia mea accepi,* mais *quod in tertia mea accepi.*

Je conclus. Le mari franc était réputé propriétaire des acquêts et des meubles, en vertu du *mundium ;* mais l'usage sous l'inspiration de l'Église s'était établi d'assurer à la femme dans les acquêts communs une part dont le montant était déterminé par le *dotalitium.*

II. Les parties n'ont point dressé d'acte. Le mari franc ne s'est point encore soumis au *dotalitium* chrétien. Faut-il livrer la femme à la discrétion du mari? Non. Ce que le mari donnait volontairement, il le donnera forcément. Et d'abord c'est la dot : prix de l'achat de la femme, versé jadis entre les mains des parents, et plus tard, quand la personnalité de l'épouse se dessine, entre les mains même de l'épouse. L'Église ne se contenta plus de la cérémonie du sou et du denier ; elle exigea la publicité du mariage, la célébration à l'église « *Nullum sine dote fiat conjugium* », dit le concile d'Arles. La dot devint légale, et le § 2 du titre 37 constate à cet égard le triomphe de l'Église : « *Si autem per seriem scripturarum ei nihil contulerit, si virum supervixerit, quinquaginta solidos in dotem recipiat.* » Outre sa dot, la femme au réveil de sa première nuit de noces, recevait un don, le don du matin, le morgengab. L'Église fut blessée par cette idée grossière du *pretium virginitatis.* Mais, comme il était de son devoir de protéger la femme contre les caprices de l'époux barbare, elle fit du morgengab ce qu'elle avait fait de la dot, elle le rendit obligatoire. C'était ruiner de fond en comble cette institution. Le morgengab légal de la loi Ripuaire n'est déjà plus le morgengab germain. Restait une difficulté. Comment

fixer la nature, comment fixer la valeur du nouveau morgengab?
Don volontaire, le morgengab variait avec la volonté du dona-
teur ; mais l'Église, toujours habile, prit l'usage et le transforma
en loi. Ainsi nous voyons chez les Bourguignons, t. xii,
et chez les Bavarois, t. vii, § 14, même après la rédaction de
leurs lois, la coutume continuer d'établir la valeur des dots
selon le rang et la condition des parties. Le § 2 du titre 37 prouve
que chez les Ripuaires, le mari, quand il dressait un acte, donnait le plus souvent en morgengab le tiers des acquêts. Ce qui
s'accorde très-bien avec les principes sur le *mundium* et les successions. « *Si autem per seriem scripturarum ei nihil contulerit, si
virum supervixerit, quinquaginta solidos in dotem recipiat, et tertiam partem de omni re quam simul conlaboraverint sibi studeat
evendicare, vel quidquid ei in morgengabe traditum fuerat, similiter faciat.* » Ainsi la loi Ripuaire assure à la femme survivante
d'abord sa dot : ensuite, ou le tiers des acquêts communs, ou ce
qui lui a été donné en morgengab. C'est à défaut de morgengab que la loi autorise la femme à prendre le tiers des acquêts.
Il est impossible de donner au mot *vel* la valeur du mot *et*,
puisque *et* est employé dans la même phrase suivant son véritable sens.

Je ne dis pas que l'Église ait inventé du jour au lendemain le
droit aux acquêts ; mais elle l'a développé, régularisé, transformé, si bien transformé que l'espérance de la femme a passé en
droit, la liberté du mari en devoir. Frédégaire et l'auteur des
Gesta Dagoberti racontent qu'à la mort de Dagobert, la reine
Nanthilde reçut *tertiam partem de omnibus quæ Dagobertus rex
adquisierat* [1] ; ainsi la révolution qui substitua au morgengab le
tiers des acquêts était, en 638, légalement accomplie.

Ici se présente une question capitale : à quel titre la femme
reçoit-elle cette part dans les acquêts? Est-ce en qualité de
commune, ou en qualité d'héritière? Est-ce comme gain de
survie, ou comme droit de propriété? Je tiens que cette dot
légale, ce tiers des acquêts, ce morgengab, était un simple gain
de survie. *Si virum supervixerit*, dit la loi Ripuaire, et ce texte
me paraît inattaquable. Je ne vois pas dans le § 37 de la loi Ripuaire cette communauté légale qui comprend les meubles présents et les acquêts, avec partage entre l'époux survivant et les

---

1. D. Bouquet, t. II, p. 445.

héritiers de l'autre. Si le mari survit, il garde tout, meubles et acquêts ; s'il prédécède, la loi appelle la femme à prendre sa part dans les acquêts et les meubles. Je confonds à dessein les acquêts et les meubles : la fortune mobilière était si peu considérable, et il eût été si difficile de distinguer celle du mari et celle de la femme. La loi Ripuaire organise donc au profit de la femme un gain de survie en pleine propriété. La femme est et n'est qu'une héritière, sans droits tant que vit le *de cujus*, mais, dès qu'il est mort, propriétaire. Ce droit de propriété, la femme est censée le tenir du mari ; et, comme tout héritier, elle doit répondre aux créanciers du mari mort. La loi salique, titres 53 et 55, règle longuement le payement des dettes, et il me paraît impossible de soutenir que les avantages légaux du titre 37 de la loi Ripuaire aient pu, par privilége, être revendiqués contre les créanciers. Cette théorie serait absolument contraire au *mundium*. La femme doit donc payer sa part dans les dettes du mari, et c'est ainsi que je ferais volontiers remonter à l'époque franque le principe du droit de renoncer. On peut argumenter en ce sens de la nature successorale du douaire légal consacré par la loi Ripuaire, et surtout du titre 63 de la loi salique, qui vise un cas de renonciation solennelle à la famille et à l'hérédité.

Loi saxonne. — Un second coutumier appelle la femme au partage des conquêts : c'est le coutumier saxon. Ici encore je reconnais l'empreinte de l'Église. La loi saxonne a été rédigée sous Charlemagne, après la soumission, après la conversion des Saxons. L'esprit chrétien des vainqueurs s'y fait jour. Cette loi fut probablement soumise à la sanction des peuples qu'elle devait régir. Il est possible qu'on ait proposé l'introduction du droit aux acquêts, que les Westphaliens l'aient accepté et les Ostphaliens refusé. Tit. IX. « *De eo quod vir et mulier simul conquisierint, mulier mediam portionem accipiat; Hoc apud Westfalaos, apud Ostfalaos et Angrarios nihil accipiat, sed contenta sit sua dote.* » L'expression latine de *dos*, cette tournure du titre VIII, *Ostfalai et Angrarii volunt*, le tiers franc s'élevant à la moitié, l'introduction de la femme aux acquêts, voilà des marques nombreuses d'un droit avancé. M. Merkell rattache aussi le titre IX à la rédaction carolingienne.

Une autre réflexion me frappe. Vers 450, l'Angleterre fut envahie par les Saxons, et cent ans après par les Angles. En

Germanie, en Angleterre, les Saxons, les Angles eurent de continuels rapports. Comment se fait-il que dans un des plus anciens coutumiers barbares, dans la loi des Angles et des Thuringes, des Angles avant la conquête, nous ne trouvions au profit de la femme aucun droit aux acquêts; bien plus, aucun avantage au profit du conjoint? (Voyez titre VIII, *de Alodibus*.) Et, d'autre part, comment se fait-il que les lois d'Éthelbert, § 57, les lois des Angles après la conquête, accordent à la veuve qui a eu des enfants la moitié des biens, et si la veuve n'a pas eu d'enfant, § 60, des aliments et sa dot? Sous quelle influence le droit de la veuve s'est-il établi? sous quelle influence les Angles de la Grande-Bretagne ont-ils abandonné les principes des Angles Germains? Je réponds enfin avec assurance : sous l'influence de l'Église. Éthelbert (560-615), roi de Kent, avait épousé la fille de Caribert, roi d'Austrasie. Cette princesse convertit son époux et la cour. Le règne d'Éthelbert fut signalé par la rédaction de plusieurs lois célèbres, les prédications d'Augustin, la fondation des églises de Londres et de Rochester, la destruction des idoles. Quelques savants ont avancé que la loi des Angles était un reflet de la loi des Saxons. Je soutiendrais volontiers le système contraire. Les lois d'Éthelbert précèdent de deux cents ans la rédaction de la loi saxonne ; et par les relations continuelles des Angles et des Saxons, les dispositions chrétiennes d'Éthelbert ont dû réagir jusque dans les mœurs païennes des Saxons Germains.

Faisons en terminant une observation importante. Chez les Westphaliens comme chez les Ostphaliens, la femme qui n'a pas d'enfant garde la *dos*, et la possède en usufruit jusqu'à sa mort. Cette *dos* n'est autre que le morgengab. Je m'appuie à cet égard sur l'opinion de M. Gaupp, cité par M. Laboulaye. MM. Eichhorn et Philipps vont plus loin : ils y voient un véritable douaire ; mais quand il y a des enfants du mariage, la *dos* chez les Ostphaliens devient la propriété absolue de la femme (titre VIII, §§ 1 et 2). Chez les Westphaliens, au contraire, la femme perd cette *dos*, c'est-à-dire son morgengab, et reçoit à la place la moitié des acquêts. Cette solution, tirée de la combinaison des titres VIII et IX, justifie le système que je propose sur le titre 37 de la loi Ripuaire. Chez les Saxons comme chez les Francs, le droit aux acquêts parait quand disparait le morgengab.

Loi des Visigoths. — A l'appui de ma première proposition, *l'Église a été la principale cause de l'établissement du droit aux acquêts*, j'invoque le code visigoth. N'est-il pas singulier d'y voir reconnu à la femme, dans les biens acquis pendant le mariage, une part proportionnelle à l'apport? Quelle est l'origine d'une disposition si étrangère au droit barbare? Je crois la trouver dans le livre II, titre XVI, des Sentences de Paul : « Sicut lucrum, ita et damnum inter socios communicatur. » L'Église voyait dans le mariage une *societas nuptiarum;* elle n'hésita pas à appliquer au contrat civil les règles de la société. L'idée de proportionner le partage des bénéfices à l'apport fut soutenue par l'Église, organe du droit romain. La loi qui consacre ce partage proportionnel est de Reccarède I; or Reccarède restaura en Espagne la religion catholique, et convoqua le concile de Tolède, dont il sanctionna les décisions. MM. de Savigny et Klimrath ont prouvé, sans réplique, que toute la matière du mariage était dans le code visigoth, empruntée au droit canonique et romain. Les choses avaient marché vite. Le morgengab disparait comme institution principale; le droit aux acquêts lui-même se transforme en naissant; le mariage se constitue sur les bases d'une société. Le droit aux acquêts n'est déjà plus, comme dans le Nord, un gain de survie; c'est un droit de propriété : « *Quam sibi*, dit la loi de Reccarède, *post uniuscujusque mortem vindicabit persona superstes, et aut filiis suis, aut propriis relinquat heredibus, aut certe de ea facere quod voluerit licentiam obtinebit.* » Enfin les Visigoths assurent à la veuve non remariée, sur les biens de son mari, une part d'enfant en usufruit (l. IV, ch. IV). Ils lui donnent un douaire et la reconnaissent associée.

Loi des Bavarois. — Chez les Bavarois, point de morgengab. Influence romaine et ecclésiastique. La loi des Bavarois est en partie copiée dans le code visigoth.

1° Si la femme survit et qu'elle ait des enfants, la loi lui accorde une sorte de douaire, l'usufruit d'une part des biens du mari, part égale à celle qu'a recueillie chacun des enfants (tit. XIV, ch. VI). Si elle se remarie, la femme perd cet usufruit (tit. XIV, ch. VII, § 1). Ces deux décisions sont empruntées au code visigoth (liv. IV, tit. II, ch. XIV); mais par une disposition qui ne se retrouve pas dans la législation gothique, la mère qui se remarie, *mater vero proprias res, cum dote sua, quam per legem habet, egrediatur;* ainsi nulle mention des acquêts.

2° Si la femme survit et sans enfants, la femme reçoit, tant

qu'elle reste veuve, *medietatem pecuniæ*, la moitié de la fortune
mobilière (tit. XIV, ch. IX, § 1). Il ne faut pas croire que la
femme hérite de la moitié de la fortune mobilière en toute propriété. Il ne s'agit ici que de l'usufruit : car si la veuve meurt, ou
se remarie, *tunc quod proprium habet de mariti rebus quæ per
legem ei debentur, accipiat* (ch. IX, § 2). La part d'enfants du
chapitre VI, la moitié de la fortune mobilière du chapitre IX,
sont l'une et l'autre un droit de veuve. En rapprochant ces dif-
férents textes, on arrive à cette conclusion, que les acquêts communs, les meubles mêmes, chez les Bavarois, appartiennent au
mari, et que la femme exerce sur eux un simple droit de veuve,
très-visiblement inspiré par l'Église.

Loi des Bourguignons. — La loi bourguignonne a les plus
grands rapports en cette matière avec la loi bavaroise : si la
femme survit et qu'elle ait un enfant, elle aura l'usufruit du
tiers ; deux ou plusieurs enfants, le quart de la fortune du mari.
Je dis l'usufruit, car, *quam tamen portionem post obitum ejus
ad filios ipsius placuit remeare* (tit. LXIV, § 2). Si la femme survit et qu'elle n'ait pas d'enfants, elle jouira de l'usufruit du tiers
de tous les biens de son mari (tit. XLII, § 1); mais si elle se remarie, elle perdra ce tiers légal. Il est très-curieux que cette
tertia pars totius substantiæ mariti soit représentée par la loi
comme un morgengab légal : car après avoir, dans le tit. XLII,
§ 1, parlé de la *tertia portio totius substantiæ mariti*, le code
dit, § 11 : *De morgangeba vero, quod priori lege statutum est
permaneat, nam si a tempore obitus prioris mariti infra annum
nubere voluerit, habeat liberam potestatem, et tertiam substantiæ partem quam permissa fuerit possidere, dimittat.* » La
femme n'avait donc aucun droit de propriété sur les acquêts,
puisqu'elle les prenait dans l'*hæreditas* du mari, comme gain de
survie et sous certaines conditions. Chez les Bourguignons, à la
place du morgengab, s'est établi un usufruit du tiers de tous
les biens du mari, comme chez les Francs, à la place du morgengab, l'usufruit du tiers de tous les acquêts communs.

Loi des Alamans. — La loi des Alamans, tit. LVI, § 2, mérite
d'être notée : « *Si autem ipsa femina dixerit, maritus meus
dedit mihi morgangeba, computet quantum valet aut in auro,
aut in argento, aut in mancipiis, aut in equo pecuniam duode-
cim solidos valentem.* » La veuve vient, au nom de son morgengab, prendre sa part des valeurs mobilières qui le plus sou-

vent seront les acquêts : nouvelle preuve, ce me semble, de la propriété des meubles et des acquêts communs par le mari; nouvelle preuve de la substitution du droit aux acquêts, que je présume avoir été faite au morgengab, chez les Francs et les Saxons.

Si le droit aux acquêts était un principe germain, comment ne pas le rencontrer dans les lois les plus pures de toute influence ecclésiastique? N'y a-t-il pas un grand enseignement en partant des lois des Frisons, des Angles, des Thuringes, où nulle pensée n'est donnée à la veuve, d'arriver aux lois salique, ripuaire, saxonne, où le droit aux acquêts s'introduit sous la protection du morgengab, d'atteindre aux lois bourguignonnes et bavaroises, où le droit de la femme ne se borne plus aux acquêts, s'étend à tous les biens du mari, devient un douaire, et de trouver enfin chez les Visigoths le douaire, la succession et la société?

Je conclus. L'Église a ruiné l'institution du morgengab, en rendant obligatoire le don volontaire du lendemain des noces. Elle transforma en droit pour la femme, quand il n'y avait pas d'acte, ce que la femme, quand il y avait un acte, obtenait du mari. Le droit aux acquêts que la femme tenait du mari, la femme franque le tint de la loi. Les mœurs avaient modifié les principes.

II.

Le système des origines romaines de la communauté est généralement repoussé ; mais les textes qu'on cite, les arguments qu'on invoque, sont puisés dans le droit civil et dans le droit prétorien. Faut-il passer sous silence les constitutions impériales et ne découvrirons-nous pas dans le code Théodosien, dans le Papien, dans le *Breviarium Alarici*, quelques traces de la communauté conjugale [1]?

Prenons pour point de départ le *Breviarium Alarici*.

L'usage des fiançailles se perpétue; la femme apporte au mari une dot; le mari fait à la femme une donation *ante nuptias*. Les

---

1. Signalons un bon travail de M. Bénech, sur la composition du *Breviarium Alarici; Recueil de l'académie de législation de Toulouse*, t. III, 1854. — Et un travail de M. Ginoulhiac sur le Papien, *Revue historique de droit français* 1857.

pactes entre le mari et la femme sur la dot et la donation *ante nuptias* sont autorisés [1]. La dot et la donation doivent être trans- crites dans les registres publics [2]. Cependant le mariage est valable et les enfants légitimes alors même que les formalités consacrées en matière de dot, et de donation n'ont pas été remplies [3]. Si la femme survit au mari, elle reprend sa dot [4] ; si le mari lui sur- vit, le mari la garde, elle passe à leurs enfants. Si, le mari mort, la veuve se remarie avant un an, elle perd tout ce qu'elle a acquis de son mari. Les plus proches parents du mari revendi- quent [5]. Si elle se remarie, le deuil écoulé, elle jouit de l'usufruit des biens donnés par le mari ; mais la propriété en revient à sa mort aux enfants du premier lit [6].

En dehors de la dot et de la donation *ante nuptias*, chacun des époux peut avoir des biens qui lui soient propres, meubles ou immeubles, peu importe. La dot appartient au mari : personne ne peut lui demander compte des fruits qui sont présumés avoir été consacrés aux dépenses du ménage [7]. A-t-il fait quelque béné- fice avec les revenus du fonds dotal, soit; qu'il les garde [8]. La femme a droit d'agir seule dans l'administration de ses biens pro- pres [9]. Le mari qui reçoit mandat de sa femme ne peut dépasser le mandat [10].

Ainsi l'idée fondamentale qui préside à la législation matri- moniale des Gallo-Romains, c'est la séparation des intérêts pécu- niaires du mari et de la femme. Les époux jettent entre eux la dot et la donation *ante nuptias* pour combler la distance. Mais c'est en vain ; le droit païen ne peut les réunir.

Le droit du *Breviarium* ne se maintint pas dans sa pureté pri- mitive. Le contact des législations rivales et l'action des mœurs nouvelles altérèrent son caractère. Qui nous dira comment par les textes canoniques, comment par les capitulaires, le droit gallo- romain fut successivement modifié? Les formules rendent au vif

1. *Brev. Alarici, c. Th.*, liv. III, tit. xiii, l. 2.
2. *B. A., c. Th.*, liv. III, tit. iii, l. 5.
3. *B. A., c. Th.*, liv. III, tit. vii, l. 3.
4. *B. A., c. Th.*, liv. III, tit. ix, l. 3.
5. *B. A., c. Th.*, liv. III, tit. viii, l. 1.
6. *B. A., c. Th.*, liv. III, tit. viii, l. 2 et 3.
7. *B. A., Novelles de Valent.*, tit. de *Fructibus inter virum et uxorem.*
8. *B. A., Paul*, liv. II, tit. xxii, de *Pactis inter virum et uxorem*, l. 1.
9. *B. A., c. Th.*, liv. II, tit. xii, l. 5.
10. *B. A., c. Th.*, liv. II, tit. xii, l. 4.

ce travail de fusion juridique, et j'oserai dire en m'appuyant sur elles que, dès le septième siècle, il se forma un droit coutumier, dont une des plus notables parties fut le droit matrimonial chrétien.

Le christianisme avait régénéré le mariage. Des époux il fit une seule personne en Jésus-Christ, de l'union conjugale une société de vie sous la sanction de l'amour et de la fidélité : « *Dum Dominus ab initio concessit in veteri Testamento* [1], *et præcepit ut relinquat homo patrem et matrem et adhæreat suæ uxori, ut sint duo in carne* [2] *una et quod Dominus conjunxit, homo non separet.* » disent à l'envi les actes et les formules. L'Église a toujours eu pour règle de respecter les législations civiles; mais souvent elle s'aida des mœurs pour les tourner et les pousser dans une voie chrétienne. Comme la législation du *Breviarium* offrait les bases d'une société, l'égalité pécuniaire des époux, le mandat de la femme pour administrer [3], l'Église tendit à faire passer dans la pratique, la théorie de la société conjugale. Remarquons, d'ailleurs, que le droit romain autorisait sur la dot et la *donatio propter nuptias*, tout pacte entre mari et femme. L'Église était fidèle au texte en faisant une convention matrimoniale, contraire à l'esprit de la loi. Ainsi s'établit une sorte de société d'acquêts entre époux Gallo-Romains. Cette société se constitua dans la *donatio propter nuptias* devenu le *dotalitium*. Elle comprit les acquêts communs et futurs. Le montant des droits de la femme associée fut déterminé par la part qui lui était fixée; et si le *dotalitium* avait gardé le silence sur les acquêts, point de société, chacun des époux reprenant l'acquêt qu'il avait payé ou reçu.

La coutume de faire intervenir dans tous les actes le mari et la femme ne fut pas sans effet sur le développement de la société conjugale. A cette coutume on assigne généralement une origine germanique. Il est vrai que les barbares regardaient la fortune comme la copropriété de la famille, et qu'en ce point ils ont exercé sur la rédaction des actes une notable influence; mais l'Église qui tendait à rapprocher les époux dans une même personnalité, et qui trouvait un moyen de grandir la femme,

1. *Genes.*, ch. 3.
2. *S. Matthieu*, XIX, 5.
3. *B. A., c. Th.*, liv. II, tit. XII, l. 4.

n'étoit-elle pour rien dans cet usage universel? Et le droit romain lui-même? Une constitution de Dioclétien et de Maximien prévoit les difficultés qui naîtraient si un mari achetait au nom de sa femme un bien, et le payait avec son propre argent [1]. Voilà pourquoi ces expressions *elaborata eorum, quod pariter laboravimus,* qu'on trouve dans des formules, souvent mal attribuées au droit barbare, se renouvelèrent et se perpétuèrent par la plume des clercs. Sur le régime dotal qui tombe en décadence, les mœurs vont greffer une société chrétienne d'acquêts entre époux.

III.

Me voici parvenu au seuil de cette longue période dans laquelle se cachent les origines de la société féodale. Ne passons pas, à l'exemple commun, de Louis le Débonnaire à Louis le Gros, des capitulaires aux coutumes. Poursuivons, à travers le neuvième, le dixième, le onzième siècle, la recherche si périlleuse de la vérité. Les preuves nouvelles, les textes inédits que nous apportons au débat [2] méritent, nous l'espérons du moins, un examen sérieux.

Dans la double étude que j'ai consacrée aux coutumiers barbares et au droit romain, j'ai distingué le cas où les parties avaient réglé dans un acte, et le cas où elles n'avaient pas réglé dans un acte le sort des acquêts. Je maintiens cette distinction, et j'en fais la base de mes conclusions.

Pour peu qu'on examine avec soin les actes de ce temps, on est bientôt frappé du caractère général qui les domine. L'Église est le notaire de tous les peuples, et c'est de la même plume et du même style qu'elle rédige et constate les droits de chacun. Ajoutez à cela que dans la pratique barbare comme dans la pratique romaine, elle a transformé la matière du mariage, et qu'en agis-

---

1. *B. A., c. Grég.*, tit. vII. Si sub alt. nomine res empta fuerit.

2. Une partie des textes inédits que le premier j'apporte au débat sont extraits des cartulaires de Cluny. M. Auger, docteur en droit, archiviste-paléographe, s'en est servi, me dit-on, dans la thèse qu'il a présentée à l'École des chartes. Je regrette vivement qu'il n'ait pas cru devoir encore publier son travail sur le régime des biens entre époux pendant les périodes mérovingienne et carolingienne. Les succès de l'auteur à l'École de droit et à l'École des chartes promettaient un travail distingué qui, sans aucun doute, eût rendu mes recherches inutiles.

sant dans le même sens sur deux législations différentes, elle a fini par les rapprocher. Cependant si la forme des conventions de mariage est la même pour tous, on trouve encore quelques différences dans le fond du droit. Aussi les époux invoquent-ils au dixième et même au onzième siècle la loi qui les régit. J'ai tort de dire les époux, car c'est la loi du mari, Romain, Franc ou Bourguignon, qui règle les rapports pécuniaires du mariage [1].

Le *sponsalitium* semble réservé aux Romains. Il est inscrit

1. *Cartul. de Saint-Père*, t I, p. 88, an. 987. — Pérard, *Recueil de plusieurs pièces curieuses pour l'hist. de Bourg.*, p. 34. — D. Calmet, *Hist. de Lorraine*, t. III, col. 59; t. IV, p. 524, acte de 1107! — Guichenon, *Hist. de la maison de Savoie*, t. II, p. 19. — D. Vaissète, *Hist. du Languedoc*, t. II, n° 311. — Bibl. impér., collect. Moreau, ms. — *Cartulaire de Cluny*, t. I, p. 141, an. 840. « A *Rihelt*, son épouse, le mariage célébré, *son époux*, *Sobbon*, dit : Dono tibi in dotalicio de omnem rem facultatem meam hoc sunt res in edificiis, casis astantibus, casaricis, ortis... aurum et argentum, mobile et immobile, omnia et ex omnia, et quod in ipsas res est in Bracosco, in Lopiano, in Nucerias et in Brenode *qui quitvisus sum aut possidere aut inantea conquirere, vel laborare potuerimus.* Dulcissima conjux mea jam superius nominata, in dotalicio *tercia portione tibi dono sicut lex salica commemorat at abendi,* tenendi, donandi, sicut liceat tibi commutandi. » — Tom. III, p. 184, an. 903. « Dulcissima adque amatissima mihi conjugio sociare jussit, proterea, cedo tibi *tercia portione de omnes res facultates* meas quas visus sum abere aut possidere aut, *inantea una cum Deo omnipotentis adjutorio conquirere vel laborare potuero* tam in Lucdunense et in Viennense. Tibi trado perpetualiter ad abendum, vendendum, donandum sicut liceat tibi commutandum, et *sicut lex mea salica commemorat* faciendum et si quis contra... » — T. III, p. 238, an. 909 : *Fulcherius à son épouse bien-aimée Raimodis.* « Superna adjuvante misericordia future prolis intuitu desponso michi *juxta legem meam Romanam...* Et do tibi presentibus propinquis et amicis tuis in sponsalicium... suit un grand nombre de villages... Actum Avenione civitate, publice. » — T. IV, p. 101, an. 922. Deux chartes. La première est un *sponsalicium* de Constancius à son épouse Teuberge. « Dono in esponsalicio *secundum mea lege Romana* aliquid de res meas, sunt ipsas res in pago Viennense. » La seconde est un *dotalicium* « *dono tibi in dotalicio* de omnem rem facultatem meam de quidquid visus sum abere aut possidere, *aut in antea conquirere vel comparare potuero...*»—T. IV, p. 8, an. 915. *Ermengerius à sa très-chère épouse Donato.* Il lui donne et la dote de partie de ses biens situés au village de Vitry en Mâconnais... « *Secundum lege mea Gonbada in morgengina ad integrum tibi dono ad* abendum et facies quidquid facere volueris in omnibus. Actum Crucilia atrio sancti Maria.....» Dans un autre acte, constatant le même mariage, à la même date... « Et de alias res meas, quicquid visus sum abere tam de alaudo, tam de conquisto tercie par ad integrum tibi dono in dotalicio isto... » — T. II, p. 161, an. 975. *Contrat de mariage d'Unest et de Saimel..* « Ego in Dei nomen, Unest in pro amore Dei et parentorum meorum et amicis meis *secundum legem meam Gonbada te sponsavi.* ... proterea dono tibi aliquot de res meas proprias qui sunt sitas..... omnia et omnia, quesitum et inquirendum, cultum et incultum... sponsa mea tibi dono et doto ante diem nubtialem et faciatis post ac die quilquit volueris in omnibus. »

dans le code théodosien et dans le bréviaire d'Alaric; au neuvième, au dixième siècle, il n'est pas encore entré dans les mœurs germaines. Le *sponsalitium* est une donation de biens présents antérieure au mariage [1].

Entre le *sponsalitium* et le *dotalitium*, trois différences : d'abord, le *dotalitium* se constitue au moment même du mariage; ensuite le *dotalitium* est une institution commune à tous les peuples de la Gaule. Le *dotalitium* chrétien a absorbé la *donatio propter nuptias* des Romains et le morgengab des Francs ripuaires. Cette fusion des deux institutions païennes dans une institution chrétienne me semble prouvée pour la *donatio propter nuptias*, par l'absence de la *donatio propter nuptias* dans les actes et les formules du septième au onzième siècle, puis par le retour de la *donatio propter nuptias* et l'absence du *dotalitium* à partir du onzième siècle [2], enfin par le but commun de ces deux donations. Quant au morgengab, il fut de même absorbé par le *dotalitium*. Le morgengab, à l'origine donation volontaire et

1. B. I., coll. Moreau, t. III, p. 238, an. 909; t. IV, p. 101, an. 922. Voy. ci-dessus. — T. VII, p. 14, an. 943. *Aimulfus à Ermengarde.* « Dono tibi in esponsalicio aliquid de ereditate mea est ipse ereditas in pago Viennense. » — T. VII, p. 92, an. 945. *Rainulfe à Rihelt.* « Dono tibi in esponsalicio aliquid de res meas qui sunt in pago Viennense. » — T. XV, p. 119, an. 994. *Contrat de mariage d'Ainon avec Rihelt.* « Ego dono tibi aliquid ex rebus meis juris mei q e sunt ipsas res..... sub integro tibi dono *in esponsalicio sicut lex romana commemoret.* » — La distinction du *sponsalicium* et du *dotalicium* se maintint longtemps; cependant on trouve des actes où ces donations sont confondues. — T. XI, p. 91, an. 993. *Contrat de mariage de Huidus (Guy) et d'Agiane.* « Dono tibi aliquid de res meas..... et dono de res meas que visus fui abere tercia parte...» Dans le corps de la pièce, l'acte est appelé *dotalicium*, au dos *sponsalitium.* — T. XI, p. 118, an. 973. Même confusion. — Cependant voici des vrais *sponsalitia.* T. XI, p. 152, an. 975. *Contrat de mariage de Dominique avec Leotger.* La future est appelée *sponsa....* « Et alias res de que abeo in ipsa villa et in villa Masiliaco quesitum et inquirendum medietate tibi dono in dote. » — T. XV, p. 130, an. 995, dans le Mâconnais. *Contrat de mariage d'Uldric et d'Ermengarde.* «Antiqua consuetudine ostendente et lege veteris ac novi Testamenti... per Moysen docente, de conjugio maris ac femine... Pro quo amore et antiquo more dono tibi carissime et amantissime sponse mee Ermengarde per hujus sponcalicii auctoritatem aliquid ex rebus meis... » Est-ce bien un *sponsalitium ?* — T. XVIII, p. 93, vers 1007. *Contrat de mariage de Girbert et d'Agia.* « Ego Girbert sponsus tuus dono tibi de res meas qui sunt sitas tibi dono in ea tenore si *eres de nos metipsos advenerit ad illos perveniat, et si non abeamus, dummodo vivimus usum et fructum, pos tuum discessum a propinquos meos perveniat.* » Au dos est écrit *sponsalitium.*

2. D. Vaissète, *Hist. du Languedoc,* t. II, preuves, n° 342. « Donamus tibi in sponsalitium et donationem propter nuptias. » — T. II, preuves, n° 480.

manuelle, devint obligatoire et fut constaté par écrit. Les clercs ne pouvant qualifier l'acte de *dos*, l'appelèrent *dotalitium*. C'est une autre dot, une seconde dot. Les noms changent, les choses demeurent. Le morgengab était tantôt une donation de biens présents et futurs, tantôt un gain de survie. Le *dotalitium* sera tantôt l'un et tantôt l'autre [1]. J'ai cité un morgengab de l'an 915, qui ressemble beaucoup à un *dotalitium;* mais Baluze nous en a conservé un de 1044, d'une ressemblance plus frappante encore [2]. Je tiens donc pour certain que le *dotalitium* chrétien a absorbé la *donatio propter nuptias* et le morgengab.

1. *Cartul. de Saint-Victor de Marseille*, p. 88, an. 987. « Ego Ildegarde... cedo alodum juris mei quem senior meus supra nominatus *secundum legem salicam et secundum consuetudinem qua viri proprias uxores dotant*, mihi, in proprium concessit. — B. I., coll. Moreau, t. III, p. 192, an. 904. *Contrat de mariage entre Blicgarius et Bertasie.* « Esponsavi tantum per voluntatem Dei vel parentorum nostrorum *juxta legem salicam et consuetudinem per solida et denario* visus fuero esponsare... dono tibi donatum que in perpetuum do... oc est...« Au dos est écrit *dotalicium Bertasie.*—T. VI, p. 127, an. 939. *Contrat de mariage d'Ariot et d'Aret.* « Dum Deus omnipotens creavit omnia masculum et feminam fecit, eos sicut dicsit in libri Genisis, cot Deus jusit (pour junxit) omo non separet, proterea ego Ariot Aret esponsavi et si Deo placuerit et legitimum cumiugium sociare volo proterea dono tibi curtilo et vinea com casa...Tibi dono in dotis et alias res quiquit visus fui abere oc sunt vineis canpis, pratis, silvis, pascuis, rivis, aquis, aquarumque decursibus omnia et ex omnibus quiquit visus fui abere vel possidere tam de paterno quam de materna me atvenit tercia parte tipi *dono in dotalicium in eo tenore si nati vel procrea fuerin* at illos perveniat et si nati vel procreati non fuerin medietas at eredes meos et alia medietas at eredes tuos perveniat... Actum atrii Sancti-Martini. » On peut remarquer dans cet acte les fiançailles qui précèdent le mariage, la distinction de la dot et du *dotalicium;* la clause relative aux enfants, le lieu où l'acte se passe. — P. 147. On trouve une vente dans laquelle Ariodus et sa femme Arelt se portent acquéreurs. — P. 165. *Contrat de mariage de Costabulus avec Raginbor*, vers 940. « ... De alias res que at isto curtilo aspiciunt medietatem tam de ereditate quam de conquisto medietate tibi dono... oc sunt vineis, pratis, canpis, silvis, aquis, aquarumque decursibus omnia ex o (omnibus) tibi dono in dotis vel in dotalium, et dono tibi servum unum Lomine Aricol nomine qui cattivo (captivus?) set mente et corpore sano, in ea tinore si nati vel procreati fuerint at illos perveniat si nati vel procreati non fuerint medietas at heredes meos et alia medietas at eredes tuos perveniant et facias, post unc diem, quiquit facere volueris .. » — T. XVIII, p. 8, an. 1006. *Rainoart à sa future Dara.* « Totum tibi dono et de alias res que mihi advenit quesitum ad inquirendum *tercia parte tibi dono in ea tenore, si heres de nosmetipsos advenerit*, ad illos perveniat, et si non abeamus, dummodo vivimus usumet fructum post tuum discessum a propincos meos perveniat.» —T. XVIII, p. 4, an. 1006. *Donation à cause de noces de Volfard à Ermengarde.* « Tibi dono in dotis ea tenore dumodo vivis, usum et fructum et pos tuum discessum at propincos meos perveniat. »

2. Baluze, *Capit.*, t. II, col. 1550. « In Dei nomine... scriptum morgincap, qualiter

Le *dotalitium*, qu'il soit constitué par un mari romain ou franc, a toujours le même objet : des biens présents seulement, des acquêts antérieurs au mariage (*de comparato*), ou des acquêts futurs et communs (*quidquid inantea laborare vel conquirere potuerimus* [1]). Dans ce dernier cas, on peut dire qu'il se forme entre le mari et la femme une espèce de société. Les droits de

ego Johannes filius quondam Dominici, dono, trado atque confirmo tibi Miczæ, filiæ quondam Johannis, dilectæ conjugi meæ, *quartam portionem de omnibus rebus proprietatis meæ, quas modo habeo, vel in antea Deo juvante conquirere potero.* »

1. Dom Lobineau, *Preuves de l'Hist. de Bret.*, p. 349, an. 954. « Quapropter Ego Adela res hereditarias mei juris, quas vel a parentibus seu a seniore meo Gaufredo comite adquirere potui.» Marculfe, livr. II, Form. 15.—Appendix ad Marc., Form. 37. *Form. Sirm.*, 14. *Form. Bign.*, 5. *Form. Lindenbr.* 75 à 80.

B. I., col. Moreau, ms., t. I, p. 19, an. 783. « *Hildegarda* .. voluntate et permissu magni imperatoris Caroli partem dotalitii nostri ab ipso piissimo imperatore nobis concessi .. concedimus. »— T. III, p. 109, an. 898. *Contrat de mariage d'Engelard avec sa chère épouse Neutelt.* « Dono tibi servos et ancillas is nominibus Martino et muliere sua et infantibus suis tres et Girbergane et infantibus suis duos, una cum peculiarium eorum *cot abent et in antea conquirere et laborare potuerunt* tibi dono, et si eres de nos exit at illos perveniat, et si apsit, pos tuum dicesso medietas at eres tuos alia ad meos revertat. » — T. III, p. 161, an. 902. « *Donation entre vifs par Eurald au profit de Dendedane :* parce que : bona volencia tua mihi bene servisti... *quitquit conquistum per titulum cartarum abeo vel conquirere potuero* totum ad integrum et dono. » — T. VII, p. 14, an. 943. *Contrat de mariage d'Armulfus et d'Ermengarde.* « Dono tibi in esponsalicio aliquid de ereditate mea est ipsa ereditas « in pago Vienense. » Il lui donne le quart. Et dono tibi in dotalicio tertiam partem de aliquid nos visi sumus abere vel acquirere potuerimus ambo et facias de ipsas res quod volueris, *sicut lex mea commendet.* » P. 18, an. 943. *Donation entre vifs par Guillaume et sa femme Gerberge.* « Donamus tibi aliquit de res meas in pago matisconeme. P. 46, an. 944. *Contr. de mariage d'Adalardel de Lieudsinde*, dans le Lyonnais. « Dono tibi tercia parte de curtilo qui est situs in pago Lugdunense... Et dono tibi in dotalicio *sicut antiqua consuetudo commemorat*, cessum que in perpetuum Deo propicius esse volo, oc est tercia pars de omnia mea de quiquit visus fui abere vel possidere tam de proprio quam de conquisto vel de conquista vel *de quocumque injenio mihi obvenit, vel in antea auxiliante conquirere vel laborare potuero in omnibus.* » — P. 92, an. 945. *Contrat de mariage de Rainulfe et de Rihelt*, qu'il a déjà épousée. 1er acte. Dono tibi *in esponsalicio* aliquit de res meas qui sunt in pago viennense.... 2e acte : Dono tibi *in dotalicio*, de quiquit ego visus sum abere *aut inantea conquirere vel laborare potuerimus.* » — P. 199, an. 949. *Contrat de mariage de Rodolphe et d'Eldegarde.* Il lui donne : « quantum ego visus sum abere qui de genitore meo vel de genetrice mea *sive per conquistas cartarum mihi legibus obvenit et obvenire debet.* » — T. X, p. 71, an. 966. *Contrat de mariage de Gosbert avec Vandalmunt.* « Quapropter ego Gosbertus et *secundum legem meam salicam te sponsavi.* » Il la dote de ses biens propres et du tiers de tous les autres biens. — T. XI, p. 82, an. 973. *Contrat de mariage de Durant avec Ingelburge.* « Oc dono tibi de res meas in pago Cabillonense : oc sunt denariis invalentes solidos XX tali tenore : si

chacun sont déterminés par les conditions du *dotalitium* [1]. La raison qui avait à l'origine fait porter le *dotalitium* sur les acquêts communs fut différente chez les Romains et chez les Francs. Chez les Francs, les acquêts appartenaient au mari, en vertu du *mundium* ; chez les Romains, à l'un ou à l'autre époux, selon qu'ils avaient eu pour cause l'argent de l'un ou de l'autre. Le *dotalitium* chez les Francs partait d'une donation ; le *dotalitium* chez les Romains ajoutait à l'idée de donation l'idée de société ; mais ces différences, qui s'étaient produites dans les premières années du *dotalitium*, me paraissent s'être un peu effacées. Romains et Francs ne cherchent pas les causes d'une institution dont l'usage est universel. D'un commun accord, sous l'impulsion de l'Église, ils constatent dans un acte le droit de la femme aux acquêts futurs et communs ; mais notons qu'en dehors de cette société d'acquêts communs, chacun des époux romains, et peut-être même francs, faisait au dixième siècle des acquêts propres [2]. Il y avait donc dans le *dotalitium* société, mais société limitée aux acquêts communs.

de nos nati et procreati fuerint, ad ipsos perveniant; si non fuerint una medietas ad eres tuos, alia appropinquis meis revertat. « Est-ce un *sponsalitium* ou un *dotalitium ?* Je l'ignore.

1. C'est ainsi que j'explique les actes suivants, B. imp., col. Moreau, t. VI, p. 6, an. 936. « *Dilecto atque multum amabile seniore meo Ainone igitur ego in Dei nomine Rihelt*, uxor vestra.... Dono vobis aliquit de res meas... Est unus mansus *qui nos conquesivimus..., De ipsos mansos la mea medietale tibi dono.* » L'acte a été rédigé à Vienne.—T. II, p. 89, an. 973. *Dominique donne à David, son second mari.* « Quæ de dotalicio meo advenerit, ego et Angelardus senior meus in simul conquesivimus quæsitum et inquirendum. » On voit que le *dotalitium* donnait à la femme un droit sur les acquêts communs. — T. IX, p. 9, *Cart. Maj. de St-Michel de Cuxa* (Roussillon). « *Ego Sernofredus et uxor mea Leudeberge* donatores sumus., alodem nostrum qui advenit ad me Sernofredo, per comparatione... *et ad me Leudeberga pro ipso decimo.* »

2. Mabillon, de Re dipl., p. 615. *Testament d'Ermengarde* (an. 815), portionem unam *quam cum præfato viro adquisivi.* — Pérard, *Recueil des pièces rel. à la Bourg.*, p. 8, an. 679; p. 29, an. 973. — Baluze. *Capit.*, p. 539, n. 24, an. 793. — *Cart. de Savigny*, t. 1. p. 21, an. 827.—Dom. Bouquet, t. X, p. 621. Le roi Robert, en 1030, donne à l'église de Compiègne, de concert avec sa femme Constancia, un bien qu'elle avait acheté, « de auro è patris sui domo asportato. » — Martène, *Thes. Anecd.*, t. I, p. 129, vers. 998. — *Mémoires de l'Ac. des Insc.*, série des sav., étr. *Charles Bourguign.*, par Garnier, t. II, p 117, an. 878. « Moyses condavit una cum uxore sua simul consentiente Rummburgis nomine, res proprias sue adquisitionis. » — B. N., col. Doat, ms., an. 989. Testament d'Adalais de Narbonne.

Je citerai encore un acte du *Cartulaire de Saint-Victor de Marseille*, à la date de 1055. C'est une donation par Désiré, sa femme et ses enfants : « Donamus, disent-

La seconde hypothèse est réglée par le capitulaire de 821 : *Volumus* dit Louis de Débonnaire, *ut uxores defunctorum post obitum maritorum tertiam partem conlaborationis, quam simul in beneficio conlaboraverunt, accipiant, et de his rebus, quas is qui illud beneficium habuit aliunde adduxit vel comparavit, vel ei ab amicis suis conlatum est, has volumus tam ad orphanos defunctorum quam ad uxores eorum pervenire* [1]. » Ce capitulaire contient deux dispositions : dans la première, Louis le Pieux donne à la veuve le tiers des acquêts provenant des bénéfices. Il étend jusqu'à cette sorte d'acquêts la quotité de la loi Ripuaire. Le bénéfice étant une concession viagère et personnelle, on avait dû nécessairement se demander, si les acquêts qui en provenaient ne demeuraient pas la propriété exclusive du bénéficiaire et de ses héritiers. Dans la seconde, l'empereur élève du tiers à la moitié le droit de la femme sur tous les autres acquêts. Ici les lois franques sont modifiées. Mais en changeant l'importance du droit de la femme, en avait-on changé la nature ? Nullement. Le soin que prend Louis le Pieux de spécifier le cas où le droit s'exercera, *post obitum maritorum*, en faveur de qui le droit est consacré, *uxores defunctorum*, le silence que garde l'empereur sur l'hypothèse du prédécès du mari, tout s'accorde pour donner à la femme sur les acquêts un double droit de succession, et nullement un droit de copropriété.

Un texte fort curieux, et peut-être unique, fait allusion à ce

ils, Domino Deo, scilicet ipsum mansum quem domnus Raimhaldus archiepiscopus dedit michi Desiderio ad proprium alodem... ea videlicet ratione, ut quandiu vixero, teneam illum post mortem autem meam mulier mea teneat meam partem de ipso manso. Et post mortem mulieris mee, ipsa mea pars et pars mulieris mee sit de sancto Victore jam dicto. » — Cette copropriété de la femme peut s'expliquer par le *dotalitium*, mais plus sûrement encore, dans notre hypothèse, par la qualité de donataire de la femme. « Ea ratione ut..... » Conférez un partage très-intéressant fait par un père et une mère à deux de leurs enfants, sous le nom de *breve divisionalis*. B. I. col. Moreau, ms., t. VII, p 110, ann. 946. — *Cart. de Savigny*, t. I, p. 27, ann. 895; t. I, p. 70, ann. 970.—Dom Calmet, *Hist. de Lorraine*, t. IV, p. 254, ann. 709; p. 536, ann. 950; p. 397, ann. 996. — *Baluze, Capitul. ap. act. veter.*, n. 43, ann. 827. « Trado, cum omnibus quæ habere visus sum vel in antea Deo adjuvante, ibidem parare vel conquirere potuero. » N. 101, ann 873; n. 127, ann. 993. — *Cartul. de Saint-Père de Chartres*, pag. 144, ann. 1680. — Dom Vaissète, t. I, p. 39, n. 18; p. 61, 42-72, 70, 50; t. II, p. 102. « Donation quæ mihi legibus obvenerunt ex parte avunculi mei. » P. 116, n. 101; p. 126, n. 111; p. 131, n. 114.

1. Baluze, cap. de 821, § IX, col. 776.

capitulaire. Emmena donna en ces termes à l'église de Saint-Martin de Savigny : *Ego Emmena cogitans casum humanæ fragilitatis pro remedio senioris mei Hugonis, seu animarum ex quorum partibus mihi hæreditas obvenit, cedo aliquid ex rebus meis, quæ mihi ex legali conquesto advenerunt* [1]. » J'ai longtemps hésité sur cette expression *legalis conquestus;* le langage du dixième siècle n'a pas souvent cette précision éclatante. Je ne crois cependant pas que le rédacteur de l'acte ait confondu *conquestus legalis,* avec *hæreditas legalis* [2]. Notre charte rentre évidemment dans l'hypothèse du capitulaire. Emmena a recueilli, son mari mort, le bénéfice de sa survie, c'est-à-dire la pleine propriété des biens que lui accorde le capitulaire de 821. Ainsi le capitulaire ne fait qu'étendre le gain de survie de la loi ripuaire ; il ne fixe pas le minimum auquel s'élèvera toujours le droit de la femme : il détermine la portion légale que les héritiers du mari doivent délivrer à la veuve dans le cas où le sort des acquèts n'aura pas été réglé dans le *dotalitium.* Cette phrase de la loi ripuaire *si autem ei per seriem scripturarum nihil contulerit* plane encore au-dessus du capitulaire; car si la femme devait avoir forcément le tiers et la moitié des acquèts, qu'il y ait ou qu'il n'y ait pas d'acte, comment expliquer les dotalitia du neuvième et du dixième siècle?

Ces considérations peuvent se résumer en deux mots :

Quand le *dotalitium* traite des acquèts communs, la femme reçoit tantôt la propriété, tantôt l'usufruit d'une part ou de la totalité des acquèts : toute convention de mariage est irrévocable. S'il n'y a point *dotalitium,* et plus tard si le *dotalitium* ne traitait point des acquèts communs, la veuve franque recevait, d'abord par la loi ripuaire ensuite par le capitulaire de 821, un gain de survie légal, en pleine propriété. La veuve romaine n'a nul besoin d'invoquer le capitulaire, puisqu'elle reprend en pleine propriété à la mort du mari ce qu'elle a payé ou reçu : la veuve romaine se présente non pas comme héritière, mais comme propriétaire.

---

1. *Cart. de Savigny,* t. I, p. 94, n. 131.
2. *Cart. de Savigny,* t. I, p. 21, n. 19 : « *Ego Bodo et uxor mea Vaila* cedimus atque vendimus quicquid de *genitore meo et de genitrice mea conquisivi*..... ad ipsam casam Dei cedimus atque vendimus. » Acte de 857. — T. I, p. 119, n. 102 : « Similiter ubicumque *ex parentela sua advenit et conquisivit.* » Acte de 979.

IV.

Résumons-nous. La communauté est l'expression d'une situation nouvelle et de l'influence de l'Église. Sous les deux premières races la communauté n'existe pas : mais deux institutions la précèdent et l'annoncent : le *dotalitium* qui a créé dans les mœurs, une sorte de société d'acquêts : le gain de survie des lois barbares qui assure à la veuve franque une part dans les acquêts et les meubles. Le *dotalitium* appartient davantage à l'élément romain ; le gain de survie tout à fait à l'élément germain, et tous les deux, *dotalitium* comme gain de survie, à l'élément chrétien.

SECTION III.

La communauté dans la société féodale.

I.

Tout semblait annoncer l'établissement prochain et définitif de la communauté, l'Église semblait bientôt devoir jouir de son ouvrage, lorsque par un vif retour aux principes germaniques la société féodale se constitua. La féodalité fut moins une révolution dans l'état des personnes qu'une transformation dans la nature des biens. Le fief devint la condition générale de la propriété foncière ; or, la nature du fief était incompatible avec la communauté. Quand le fief était viager, comment le vassal eût-il pu transmettre à la femme un droit de jouissance ? Quand il fut héréditaire comment la femme eut-elle pu remplir les devoirs du service militaire ? La femme avait été écartée de la terre salique, faute de porter la cuirasse et les armes : elle fut exclue du fief, faute de monter à cheval et de faire la guerre. Les efforts de l'Église, les idées chevaleresques du moyen âge, et très-probablement aussi la renaissance du droit romain relevèrent la condition de la femme. La femme fut appelée à la tenure féodale : mais qu'importe ! L'investiture n'était-elle pas personnelle ? Le droit d'acquérir dans une seigneurie n'était-il pas l'objet d'une concession spéciale ? Les obstacles naissaient de toutes parts. L'Église en triompha. Ne pouvant attaquer de front la constitution même de la société féodale, elle la mina, en soutenant dans les classes nobles et surtout dans les classes bourgeoises la communauté de tout ce qui n'était pas fief.

Cette lutte entre l'Église représentant les idées chrétiennes, le droit coutumier, et la féodalité représentant les principes germaniques, les traditions aristocratiques, cette lutte est en pleine ardeur à la fin du douzième siècle. Et en effet, tandis que Baudouin, comte de Flandre, et Philippe-Auguste écartent l'un la femme, l'autre les héritiers de la femme des acquêts communs, dans cette même Normandie, où la communauté entre nobles n'existait pas, le pape Urbain III, écrivant en 1185 au chapitre de Lisieux, ordonne que : « *Soluto matrimonio, cogitur vir dotem restituere, et bona dividere, quæ communiter eis obvenerunt.* » Quel trait de lumière, et comme ces décisions contraires émanées à trente ans de distance des chefs de l'Église, et de la féodalité, marquent bien la double marche de la société conjugale? Ce n'est pas assez. Parcourons la France entière, dans la première moitié du treizième siècle ; voyons en Hainaut, en Flandre, en Artois, en Picardie, en Normandie, en Bretagne, en Anjou, en Touraine, en Poitou, en Languedoc, en Bourgogne, en Champagne, en Auvergne, dans l'Ile-de-France, voyons du nord au midi, de l'est à l'ouest, le régime des acquêts faits durant le mariage, et si nous trouvons tout à la fois des douaires constitués sur des biens propres et sur des acquêts communs, la femme tantôt exclue, tantôt reçue dans le partage des acquêts, la différence entre les acquêts féodaux et les acquêts roturiers, la distinction de la veuve noble et de la veuve bourgeoise, nous aurons justifié l'histoire que nous avons essayé de tracer des origines de la communauté.

I. HAINAUT.—La veuve n'a droit qu'à son douaire et aux fruits de la terre pendant l'année du décès. Que la femme ou que le mari meure sans enfants, les fiefs et alleux qui leur viennent de droit héréditaire, retournent dans chaque famille aux parents les plus proches. Les époux ont acheté ensemble un fief; le mari meurt sans enfants : l'héritier le plus proche prend les charges, et la fidélité du fief. La femme jouira, tant qu'elle vivra, de la moitié des revenus du fief. Si, au contraire, les époux ont acheté un alleu, et que le mari meure sans enfants, la femme jouira, sa vie durant, de tout l'alleu ; mais, après sa mort, l'alleu retournera aux plus proches héritiers du mari.

Ces règles furent établies par Baudouin, comte de Flandre et de Hainaut, de concert avec les plus illustres seigneurs de ce pays, en l'an 1200 [1].

Une charte de 1210, que je crois inédite, nous montre Philippe, marquis de Namur, constituant comme douaire à sa femme, Marie, fille de Philippe-Auguste, le tiers de sa terre, et la moitié de ses acquêts pendant son union avec cette princesse [2].

Ainsi, dans le Hainaut, la propriété des acquêts faits en commun appartenait au mari ; et la femme n'avait sur eux qu'un droit de succession, un usufruit : on pourrait presque dire un autre douaire.

II. FLANDRE. — Le régime de biens entre époux féodaux devait être semblable en Flandre et en Hainaut. Voisins, unis sous la même domination, par des intérêts politiques et commerciaux, ces deux pays subirent, au point de vue du droit féodal, les mêmes influences. Je n'ai rien trouvé de contraire à cette conjecture, dans l'immense recueil de Lemire, dans le supplément de Foppens, dans les preuves de la *Gallia christiana* et de *l'Histoire de Flandre* par M. Warnkœnig, dans les *Histoires de Béthune et de Guines* par Duchesne. J'ai même relevé deux actes dans

---

1. Martène, *Thes. anecd.*, t. I, p. 769. — Brussel, *Usage des fiefs*, t. II, p. 884. Voyez les art. VI, VII, VIII de l'Établissement de Baudouin, comte de Flandre et de Hainaut, § 12 : « Habetur etiam ad legem ut, si homo et ejus uxor feodum pariter acquisierint et homo absque proprii corporis herede decesserit, feodum illud ad propinquum ipsius hominis heredem statim devenire debet : ita quod heres propinquior illud a domino feodi recipiet, et ei hominium faciet, et munitionem, si qua fuerit habebit, et hominia ad feodum pertinentia. Uxor vero, dum vixerit, medietatem commodorum, et proventuum habebit in illo feodo, absque servitio faciendo et absque justitia domino feodi : heres vero aliam medietatem qui inde servitium et justiciam faciet domino feodi. » — § 13 : « Si homo et femina allodium pariter acquisierint, et decesserit homo sine proprii corporis herede, femina quoad vixerit, totum allodium tenebit. Post decessum vero feminæ, totum allodium ad propinquos viri heredes deveniet. » An. 1200.

2. Arch. imp., originale, *Trésor des chartes*, Namur, J, 531, n. 1. « Philippus marchio Namurcensis. Noverint universi presentes pariter et futuri quod ego Marie uxori mee nobilissime mulieri, filie karissime domini mei Philippi regis Francorum illustris. Terciam partem totius terre mee dedi in dotalitium et concessi videlicet veterem villam..... Item quicquid in Flandria et in feodo predicti domini mei Philippi regis Francorum habiturus sum in futurum. Item medietatem omniumque mihi per escheantiam vel alio modo quocumque obvenient, et medietatem omniumque ego et predicta uxor mea Maria dum vixerimus pariter acquiremus. Hec supradicta omnia prefate uxori mee Marie ipso die nuptiarum mearum dedi in dotalitium et concessi plenissime in omnibus commodis, omnique proprietate et dominatione..... Actum Valencenis, anno ab incarnatione Domini millesimo ducentesimo decimo. »

l'inventaire des chartes du comte de Flandre, qui nous montrent le douair: féodal constitué sur les acquêts communs[1].

Il n'est pourtant pas douteux que la communauté ne se soit développée dans les villes riches, industrieuses et commerçantes des Flandres. — « Il existait comme, dit M. Warnkœnig, dans toutes les villes un droit coutumier, dont on ne trouve, dans le treizième siècle, que des traces éparses. Il faudrait faire des recherches très-minutieuses pour découvrir ce qui peut encore être enseveli dans les poussières des archives. » Plaise à Dieu que ce vœu soit promptement réalisé !

III. ARTOIS. — De l'Artois, une décision dans les *Olim* : et les *Coutumes* du quatorzième siècle, publiées par Maillard. — Ces deux documents tendent au même résultat : la prépondérance du mari dans le mariage féodal[2].

IV. PICARDIE. — Je ne m'étendrai pas sur le droit matrimonial de Picardie, parce qu'il se rapproche sensiblement du droit matrimonial de l'Ile-de-France.

La Picardie est un pays de communauté. La charte d'Amiens et Beaumanoir suffisent pour le prouver[3].

Le droit à la moitié des acquêts et des meubles est nettement consacré dans des coutumes du quatorzième siècle[4].

---

1. *Inventaire des comtes de Flandre*, in-4°, par M. de Saint-Genois, p. 3, n. 5; p. 4, n. 8; p. 5, n. 10, an. 1216.

2. *Olim*, t. I, p. 786, anna. 1269. « Ad hoc comes Attrebatensis dicebat, quod cum de puro mobili ageretur, et constante matrimonio inter ipsos, ipse mobilia uxoris sue distrahere possit, si sibi placeat, et suam de eis penitus facere voluntatem, sibi tenebatur. » — Maillard, *Anciens usages d'Artois*, art. CLXXII : « La femme a droit de douaire sur tous les héritages féodaulx d'acquest ou patrimoniaulx, et sur tous les héritages cottiers desquels son mari durant icelle leur conjonction auroit été saisy. » Quatorzième siècle.

3. *Ord.*, XI, p. 264. — Bouthors, *Cout. loc.*, I, 63. Charte d'Amiens : « Si vir et uxor aliquam possessionem in vita sua acquisierint, et eorum quispiam mortuus fuerit, qui superstes erit, medietatem solus habebit et infantes aliam..... Si contingat mori infantes, qui supervixerit, sive vir sive mulier, quidquid simul possiderunt de conquisitis qui superstes erit, quamdiu vixerit in pace tenebit, nisi in vita premorientis donum vel legatum inde factum fuerit. » *Beaumanoir*, ch. 21, § 2; ch. 14, § 20; ch. 13, § 9.

4. Marnier, *Anc. cout. de Picardie*, quatorzième siècle; Paris, 1840, p. 9, § 9 : « *Des acquestes.* Les acquets appartiennent à l'homme et à la femme..... Toutesfois qu'un hom et une femme acquierent ensanle, tant a le femme comme li hom, et en doit goir après son décès, se elle veut sans empêchement.. . Item que se li hom et le femme donnent leur acqueste ensanlé et soit de fief, il n'ara que un seul hommage... »

3

Cependant les vieilles traditions féodales se soutiennent et nous trouvons encore, à la fin du quinzième siècle, en pleine vigueur, le principe de la propriété des acquêts féodaux par le mari [1].

Les faits doivent justifier mes conclusions : je renvoie aux preuves.

V. NORMANDIE. — En Normandie comme en Flandre éclate la différence de la veuve noble et de la veuve roturière. Chez les nobles, point de communauté.

A la mort du mari, la femme noble prélève son *maritagium*, c'est-à-dire sa dot ; sa *dotem*, c'est-à-dire son douaire ; enfin les biens qu'elle a pu recueillir *jure hereditario*. Quant aux meubles de son mari, la charte de 1155 en fait, dans le § 9, le gage des créanciers ; dans le § 11, le bénéfice du duc, si le défunt est mort *intestat*. Aux acquêts, la femme n'a aucun droit, ni comme douairière ni comme associée, mais je parle de la femme noble : « *Uxor militis deffuncti non habet portionem nec dotalicium in conquestis immobilibus* » Le manuscrit [1]039, B. I., ajoute, *et in mobilibus*. — Le douaire légal de la femme est du tiers des biens que le mari possédait au jour du mariage ; mais la femme doit se contenter du douaire convenu. Le douaire peut porter sur les meubles du mari ; mais si les meubles ne suffisent pas pour atteindre le douaire convenu, les immeubles fournissent le supplé-

---

— *Anciennes cout. du Ponthieu*, p. 110 : « Se uns homs va morir et sa femme demande le moitié des meubles et des cateulx, li hoirs ne le peut contredire, mais que elle baille bonne seurté des dettes. » — P. 154 : « Saucuns poet douer se femme de s'acqueste qu'il ara faite aussi bien comme de son héritage et des acquestes qu'il feront ensanle. »

1. Bouthors, *Coutumes locales*, t. II, p. 332, § 17 : « *Baronnie de Barlin*. Item se deux conjoings acquestent aucun manoirs en ladite seigneurie, l'homme seul est réputé acquesteur. » — T. II, p. 269, § 10 : « *Seigneurie d'Adinfer*. Que si deux conjoings acquestent ensemble aucuns fiefs, s'il n'y a condicion au marché faite, l'homme seul est réputé acquesteur. La femme ne peult avoir que son douaire. »

Je citerai encore, au point de vue général du régime de biens entre époux, les *Recherches sur les comtes de Beaumont*, par M. Douet d'Arcq, *Mém. de la Soc. des antiq. de Picardie*, 1855, p. 49, 60, 65, 66, 72, 82, 92, 111. — B. I., fonds des cart., n. 81, *Cart. de Beaupré*, 4ᵉ série, n. 20 ; 7ᵉ série, n. 3 ; 8ᵉ série, n. 1. — B. I., fonds des cart., n. 19, *Cart. noir de Corbie*, p. 52 vᵒ, 55, 57 vᵒ, 137 vᵒ, 183 vᵒ. — B. I., fonds des cart., n. 22, *Cart. Néhémias de Corbie*, p. 101, 178, 306, 321, Douaires ; 102 et 141, Testaments ; — l'excellent ouvrage de M. Cocheris, *Notices et extraits des manuscrits relatifs à l'histoire de Picardie* ; — enfin les deux volumes publiés par M. Thierry, *Monuments du tiers état*.

ment. Tels sont les principes qui règlent le sort de la veuve noble en Normandie au commencement du treizième siècle [1].

Cependant nous trouvons un arrêt de 1241 qui accorde à la femme la moitié des conquêts faits en bourgage; la communauté existait donc dans les tenures bourgeoises et roturières [2].

Cette distinction est renouvelée dans un article de l'ancienne coutume, ch. LXI : « L'on doibt scavoir que femme ne peut avoir douaire ni partie en conquest, fors en bourgage où elle aura la moitié. » Nous en prenons acte.

VI. BRETAGNE. — Ni les preuves imprimées de l'histoire de

---

1. Brussel, *Usage des fiefs*, t. II, p. 1047 ; lettres patentes en forme de charte de Henri II, roi d'Angleterre et duc de Normandie, en faveur du clergé, nobles et habitants de Normandie (1155), § 7 : « Vidua post mortem mariti sui statim et sine difficultate habeat maritagium suum et hereditatem suam, nec aliquid pro dote sua vel pro maritagio suo vel pro hereditate sua, quam, hereditatem quam maritus suus et ipsa tenuerunt die obitus mariti sui per XL dies post obitum ipsius..... Iterum de consilio ei assignetur pro dote sua tertia pars totius terre mariti sui que sua fuit in vita sua, nisi fuerit ad ostium Ecclesie. » § 11 : « Item dicimus de illo qui moritur intestatus, si jacuerit in lecto ægritudinis per tres dies, aut quatuor, omnia mobilia ipsius, Domini regis debent esse aut illius in cujus terra est »

Warnkœnig et Stein, *Hist. du droit public et privé de la France*, pièces justific., t. II, p. 72. — *Arreste scaccariorum*, ann. 1208 : « Judicatum quod uxor Roberti de Mesnillis Wace habeat dotem tertium hereditatis quod contingebat viro suo in portione de hereditate patris sui » (il s'agit ici du douaire). — *Statuta et consuetudines*, p. 36, *De dotibus :* « Mulier mortuo marito suo petit dotalicium suum, quando ab hereditate mariti, quando ab extraneo : nec potest petere nisi tertiam partem tenementi de quo maritus suus erat saisitus, quando contraxit cum ea in facie Ecclesie. » — P. 37 : « Si mulier dotata fuerit de mobili, debet habere dotalicium de mobili post mortem mariti sui si mobile sufficit....... Si mobile non sufficit, recurrendum est ad hereditatem.— Mulier non potest petere dotalicium in rebus quas vir suus acquirit, post contractum matrimonium ratione dotalicii. » — *Assisie Normannie*, 1234, p. 56, *De dotalicio :* « Uxor militis deffuncti, non habet portionem, nec dotalicium in conquestis immobilibus. » —Voyez encore p. 48, *De maritagio obligato;* p. 55, *De maritagio encombrato;* p. 67, *De maritagio vendito.*—Marnier, Caen, 1847, *Établissements et coutumes, assises et arrêts de l'échiquier de Normandie*, p. 96, *De doère :* « La fame au chevalier mort n'a pas partie ne doère ès conquest ne ès meubles. » D'après le ms. F 2 de la Bibl. Sainte-Geneviève, et ms. 4651 de la Bibl. imp.

2. *Registrum scaccarii*, ms. bib. de Rouen, Y 9, 90, publié par M. Delisle dans les *Mémoires des antiquaires de Normandie*, t. XVI. — Voyez aussi dans Warnkœnig, t. II, p. 114 : « Judicatum est quod cum duo fratres sunt ad unum et eumdem catallum et aquirant simul, de quibus unus habeat uxorem. uxor illa non habebit nisi de parte hereditatis mariti sui, videlicet tertiam partem de hoc quod est extra borgagium mariti sui et de aquisitione mariti sui in borgagio facta habebit dicta uxor medietatem partis mariti sui. »

Bretagne, ni les premiers volumes de la collection manuscrite des Blancs-Manteaux, ni les fragments du cartulaire de Redon conservés à la Bibliothèque impériale, n'ont pu me donner une idée claire et nette du droit matrimonial breton. « Les Bretons, dit dom Morice, donnaient d'abord à leur femme un trousseau et lui faisaient un présent de noces, *energuerp*. Si une femme renonçait à la succession de son mari, elle avait son trousseau et le présent de noces préférablement à tous les créanciers. Elle avait, outre cela, ce qu'on appelle le douaire breton, c'est-à-dire la jouissance pendant sa vie du tiers des biens de son mari. » Ce douaire portait quelquefois sur les acquêts. Dans un traité de mariage de 1223, Raoul de Fougères donne en dot à sa femme, Isabelle de Craon, *in omnibus aliis terris suis habitis et habendis portionem debitam secundum legem terræ*. Peu à peu, le droit de la femme aux conquêts se consolide, comme nous le montrent des actes de 1273 et de 1283 ; mais il apparait comme un autre douaire, et fait souvent l'objet d'une transaction pécuniaire [1].

Je ne sais rien de la communauté dans les classes roturières de la Bretagne.

VII. Anjou, Maine et Touraine. — La femme apporte une dot, le mari donne un douaire. Le douaire s'établit tantôt par

---

1. *Hist. de Bretagne,* édit. de dom Morice, Preuves, p. 1034, ann. 1284 ; p. 1123, ann. 1297 ; p. 1168. — *Ord. du duc Jehan,* § xvii, ann. 1301. — *Hist. de Bret.,* éd. dom Lobineau, 1709, Preuves, t. II, col. 125, 245, 251 ; 217. — *Assises du comte Geffroi,* an. 1185, col. 323 et 325 ; col. 401, an. 1283. H. de Châtillon « se défendoit de rien donner audit duc Jehan de Bretagne, à cause que ledit feu comte de Blois donnoit tous les ans 1000 l. tournois à faire à sa volonté, outre sa provision suffisante en toutes choses, à ladite Aaliz son épouse, laquelle de plus avoit eu 1500 livres de pecune pour faire son testament, ce qui estoit beaucoup plus que ne valoient les meubles, les debtes acquittées, à raison de quoi ladite Aaliz avoit renoncé à tous les acquets. » — Col. 406, ann. 1273 : « Il est à savoir que par ces doïaerres faisans et otroïans de Jahan e de Pierres nos fiz, icele devant dite Blanche ne puet ne ne porra riens demander ez conquestes que nos avons feites jusqu'à jourd'huy, fors les conquestes qui sont ez terres dessus nommées, lesqueles ele tendra en paz par raison de doïaerre tant cum ele vivra. » — B. I., coll. ms. des Blancs-Manteaux, *Mém. de Bretagne,* t. I, p. 234 vᵒ. — Blanche, duchesse de Bretagne, donne des lettres « qu'en cas qu'elle prist pour son douaire la troisième partie du duché de Bretagne, suivant l'option qui luy est donnée par le traité passé entre elle et son mari le duc, elle ne prétend rien aux acquests faits par le duc avant ce temps, à moins qu'ils ne fussent dans cette troisième partie. » Ann. 1263.

une donation de biens présents [1], tantôt par une donation de biens présents et futurs [2]. Il porte souvent sur les acquêts du mari présents et futurs. Sont-ce les acquêts communs ou les acquêts propres du mari? Je n'ose me prononcer. Il est certain que le mari comme la femme pouvait faire des acquêts propres [3]; il est probable que les acquêts féodaux faits en commun durant le mariage restaient, comme en Normandie, propres au mari. Ce

1. Bibl. imp., col. de dom Housseau, t. II, n. 429, an. 1037.

2. Bibl. imp., cart. de Ph. Aug. 9852, Colbert, p. 166. Guillaume des Roches, sénéchal d'Anjou, donne en 1197, comme douaire ou donation à cause de noces à sa femme Marguerite de Sablé. « *Omnes acquisitiones vel conquestus quos habebam vel habiturus eram*, quocumque modo acquirendi, sive per emptionem, sive per donationem, sive per quemcumque modum ad me pervenerint, tam in redditibus quam in possessionibus tenendas, pacifice et integre cum omnibus pertinenciis suis, toto tempore vite sue. » En 1218, partant pour la croisade contre les Albigeois, Guillaume des Roches, voulut mettre ses affaires en ordre; il pria le roi, qui se trouvait alors à Pont-de-l'Arche de confirmer le douaire qu'il avait fait à sa femme, et le partage qu'il fit de ses biens entre ses enfants. « Cum signo crucis assumpto contra hereticos Albigenses essem in procinctu peregrinationis mee arripiende, de assensu et voluntate uxoris mee Margarite de Sabolio, distribui terras et possessiones meas duabus filiabus meis Johanne primogenite et Clemencie tam de hereditatibus quam de acquisitionibus in hunc modum. Johanna habebit castrum Sabolii... Sita omnia concessi eidem Johanne cum pertinencii suis, salvo jure uxoris mee Margarite que hec omnia, quamdiu vixerit, possidebit. »

3. Bibl. imp., dom Housseau, t. V, n. 2010. *In arch. Eccl. Colleg. S. Maximi Caynonensis.* « Hoc est testamentum Goffredi de Belverio et uxoris ejus Florie... Reliqua vero empta et acquisita ubicumque sunt tam mobilia quam immobilia, ego prefatus Goffridus dedi et concessi uxori mee Florie ad voluntatem suam faciendam, et ipsa similiter dedit michi et concessit. » Entre 1188 et 1202.

Bibl. imp., *Cart. de S. Cypr. de Poitiers*, fonds des Cart., n. 103, p. 61 . « Ego in Dei nomine Aldisindis, consentiente jugale meo, vineam meam que est sita in pago Pictavo, et quantumcumque visus sum adhabere, et quod in antea laborare potuero. »

Bibl. imp. dom Housseau, t. II, n. 468, an. 1041. *Cart. Nuchariense*, fol. 25 « Notum sit quod Gausfredus comes et uxor mea Agnes... Monachis apud locum Nuchariensem damus medietatem aque... quam videlicet a quodam milite... precio comparavimus, totum autem precii pondus fuerunt decem libre ex quibus sibi idem Odo septem vendicavit et pro aliis tribus, uxor ejus vestem pelliciam, tantumdem et eo amplius comparatam accepit.»

Bibl. imp. dom Housseau, t. II, n. 434, an. 1037. Transaction entre les religieux de Marmoutiers et Agnès, femme de Ganilon, trésorier. Ganilon appose seulement son seing. N. 474, an. 1043. La comtesse Agnès dit : « Trado quamdam terre proprietatis mee. » N. 500, an. 1047. Don par Agnès à l'abbaye de Vendôme, d'une moitié d'église « quam ipsa comparavit a quodam milite. » N. 584, an. 1058. « Ego Gosfredus comes atque Agnes comitissa tradimus... illam partem thelonei totam quam ego Agnes cum sancto Florentio hactenus partiebar. » T. VI, n. 2675, après 1223. Donation : « Si maritus meus vir nobilis Galterius, dominus de Avenis, comes Blesensis, hanc donatio-

point est douteux. Les meubles sont le gage des dettes. Si la femme veut avoir des meubles, elle prendra part aux dettes [1].

On peut attribuer les faibles progrès de la communauté dans cette partie de la France à la prépondérance des principes aristocratiques et aux rapports politiques de l'Anjou avec la Bretagne et la Normandie. La réunion de l'Anjou au domaine de la couronne, et surtout les nécessités sociales qui poussaient les classes inférieures dans l'association, combattirent ces tendances et en triomphèrent. La communauté est consacrée dans les établissements de saint Louis, sous la forme féodale du préciput immobilier [2].

VIII. POITOU [3]. — Le droit du Poitou se rapproche en beaucoup de points du droit de la Touraine et de l'Anjou : la dot [4], le douaire, les acquêts, les meubles propres [5]. Les coutumes de

nem meam confirmare voluerit vel casu quocumque non confirmaverit, volo plane et precise precipio... hec donatio mea perpetuam obtineat firmitatem. »

1. Bibl. imp., dom Housseau, t. VI, n. 2123, *Ex. archiv. Ab. Claritatis*, an. 1200. « Ego Bartholomeus miles de Plesseio notum facio quod ego testamentum subscriptum feci... in primis accipio pro emendis et elemosinis meis faciendis et debitis meis solvendis, omnia mobilia mea et quingentas libras turonenses, percipiendas in redditibus et proventibus totius terre mee ubicumque sit salva tamen dote uxoris mee ; quod si forte ipsa voluerit habere medietatem mobilium, solvat medietatem meorum debitorum. »

2. *Établis. de St-Louis*, chap. CXXXVI ; et plus tard. *Coutume d'Anjou*, art. 283. Voyez aussi : *Anciens usages inédits d'Anjou*, publiés par Marnier, 1853, in-8°, p. 6, § 28. « Il est d'usage et droit entre home et sa feme que qui plus vit, plus tient : et tient les achaz et les conquestes. Et fera cil qui plus vit de sa partie sa volenté, l'autre partie emprès sa mort reviendra au lignage au mort, se l'en ne peut trover et montrer don où aumosne que il en feit. »

3. Les sources diplomatiques de l'histoire du Poitou sont réunies à Poitiers dans la *Collection de D. Fonteneau*. La collection Moreau renferme un assez grand nombre d'actes que D. Fonteneau avait envoyés au cabinet des chartes : ces pièces ne me donnaient aucune notion désirée. Heureusement M. Redet, archiviste à Poitiers, dont le mérite égale l'obligeance, a dressé une excellente *Table des manuscrits de D. Fonteneau*. Dès lors il m'était facile de faire un bon choix ; et, grâce à l'entremise de M. Redet, j'ai pu compléter mes recherches par quelques preuves inédites.

On peut encore consulter : B. I., supplément, Fr. 441. *Ce livre est des coutumes de Poitou*, XV° siècle, p. 66. « Le mary et la femme de ce que la bénisson des nopces est faicte, font compaignie et communauté de biens meubles, et aussi font compaignie d'acquestz faiz durant le mariage. »

4. D. Font., t. XXII, p. 323, an. 1273, O. *ab. de Noaillé. Testament de Guillaume de la Vergne.* « Hanc assignacionem ei facio ea ratione quod pater illius dedit michi cum ea in maritagio quinquies centum libras de quibus promisi et tenebar emere triginta libras redditus ad vitam dicte uxoris mee tum habendas... »

5. D. Font., t. V, p. 425, an. 1262, *Ab. de la Colombe. Testament d'Aliénor.*

Charroux, rédigées vers 1247, n'accordent le douaire qu'à la
veuve noble [1] ; la première rédaction de la coutume générale du
Poitou en a fourni plusieurs autres exemples. Je suis porté à
croire que la communauté s'est développée dans les classes roturières, comme compensation du douaire, et là où le douaire leur
était refusé. Dans les classes nobles, la communauté est définitivement établie à la fin du treizième siècle. La forme féodale l'emporte comme dans l'Anjou. Le préciput mobilier et immobilier
est consacré par la coutume [2].

IX. ILE-DE-FRANCE. — L'Ile-de-France nous fournit deux textes
qui expliquent assez bien la nature vague du droit de la femme
sur les conquêts au douzième siècle. Après avoir ordonné le retour du *dotalitium* ou de l'*hereditas* aux proches du mari ou
aux proches de la femme, dans le cas où l'un ou l'autre vien-
drait à mourir sans enfants, la charte de Laon (1128) porte :
« *Si vero nec vir nec mulier hereditates habuerint, sed de merci-*

« ... Quos de omnibus mobilibus meis et de tota hereditate mea sazio. » — D. Font.,
t. XVI, p. 221, an. 1275. *Ab. de S. Maixent. Don mutuel.* Le mari et la femme se
donnent tour à tour : « Tertiam partem hereditatis mee, ubicumque sit, et quocumque
nomine seu genere censeatur, et omnes cobrancias factas et faciendas constante matrimonio inter me et dictum Guillotum virum meum et quocumque tempore ante dictum
matrimonium, et medietatem omnium bonorum meorum nobilium habendam... volentes
et concedentes quod debita omnia communia inter nos persolvantur creditoribus nostris,
post decessum alterius nostri primi decedentis super medietate residua bonorum nostrorum mobilium. » — D. F., t. XXII, p. 281, an. 1264. O. ab. de Noaillé. *Testament de Jeanne Marchande.* « Volo quod debita mea que legitime probari poterunt,
integre persolvantur... Item lego decem libras annui redditus percipiendas super omnes cobrantias meas, et super omnia alia bona mea, si dicte conqueste non sufficerent.»

1. *Mém. de la Soc. des antiq. de l'Ouest*, 1842, t. IX, p. 453. — *Cout. de Charroux*, vers 1247. § 17. « Si il (le gentilhomme) muriet avant lieuz, o la ora son mariage, et lo ters de la rente à son mari et son herbergement par oscle à sa vita tant
seulement. »

2. D. Font., tom. VIII, p. 41, an. 1301. *Traité en la court de Gui, comte de
Thouars.* « Sachent tos que comme contens fust esmous en nostre cort, Guy, vicomte
de Thoars, entre Johanne, fame jadis feu Johan Gotedor, chevalier, d'une partie, et
Aymeri Moreau, son fils clert, d'autre partie, sur ceu que la dite Johanne demandoit à
l'autre tos les cónqués qui avoict été fais et acquis durant le mariage de la dite Johanne
et d'au dit feu chevalier, et encore demandoit à l'autre son doayre secont la costume
en totes les autres choses que lis diz feu chevalier haveit et teneit au temps que il vi-
veit : et encores demandeit ladite Johanne tos les beans mobles que li diz feu chevalier
haveit au temps de sa mort, à faire sa volonté secont la costume do país. » Le fils de
Jeanne avoue l'usage. Transaction. — Cependant, D. F., t. V, p. 423, an. 1260. *Testament d'Audebert de la Trémoille.* « Quito domine Hermine uxori mee domum meam
de Rupablon, et mobilia pertinentia ad domum, ultra portionem, que debet ei accidere.»

moniis questum facientes substantia ampliata fuerit, et heredes non habuerint, altero autem mortuo, alteri tota substantia manebit [1]. » Ainsi la jouissance de la totalité des acquêts par le dernier survivant est subordonnée à cette double condition, qu'il n'y aura point d'enfant, et surtout qu'il n'y aura ni *dotalitium*, ni *maritagium*, ni *hereditas*. Elle est pour le mari la compensation de la dot, pour la femme la compensation du douaire. Cette interprétation s'accorde avec un texte de 1193, qui nous montre encore une fois le douaire constitué sur les acquêts [2]. Si l'on veut combiner cette charte de Guillaume de Garlande (1193), celles de Guillaume des Roches (1197) et celle de Philippe de Namur en 1210, on demeurera convaincu de l'incertitude qui planait sur le droit de la femme à cette époque, et de la persistance du douaire constitué sur les acquêts.

Que les parties règlent à leur gré leurs conventions de mariage, soit; mais que décider quand elles ont gardé le silence? Que décider au sujet du douaire, au sujet des acquêts?

Beaumanoir nous dit que Philippe-Auguste créa par ordonnance un douaire légal, et le fixa à la moitié de *ce que li huns a au jor qu'il espouse*. Comme cette ordonnance ne nous est parvenue que par un fragment et sous une autre date, on l'a contestée. Je la tiens néanmoins pour certaine. Laurière croit qu'elle fut rendue en 1214, et M. Beugnot, sans nous dire pourquoi, en 1219. M. Beugnot ajoute que le fragment rapporté par Laurière est un article de l'établissement sur les douaires [3]. Cette

---

1. *Ord.* XI, p. 186. On lit à la suite : « Si autem propinquos non habuerint, altero autem mortuo, alteri tota substantia remanebit : si autem propinquos non habuerint due partes substantie eorum in elemosynam dabunt, tertia vero ad muros civitatis edificandos expendetur. » — Le § 13 de la charte de 1138 se trouve reproduit dans le § 22 de la charte de 1184, accordée par Ph. Auguste à diverses villes du Laonnois ; seulement, à cette dernière phrase on a substitué cette autre : « Qued si uterque obierit, si propinquos in potestate habuerint, quantum voluerint de substantia sua pro animabus suis in elemosynam dabunt, et reliquum propinquis eorum remanebit. »

2. Martène, *Ampl. coll.*, t. I, col. 1003. Guillaume de Garlande donne en *dotalicium* à son épouse, Alaïde de Châtillon, « medietatem acquisitionis sue quocumque modo acquirat et medietatem omnium rerum que ei accident, quocumque modo accidant. »

3. Beaumanoir, éd. Beugnot, ch. XIII, § 12, t. I, p. 216, note. — Voyez *Ordonn.*, t. I, p. 46. — M. Léopold Delisle, dans son *Catalogue des actes de Ph. Auguste*, n. 1485 et 1917, et p. 338, note, croit devoir, à l'exemple de Laurière, maintenir l'éta-

conjecture me paraît fondée. La date de 1214 n'est pas affirmée
par Beaumanoir : « Si commencha par l'establissement du bon
roi Phelippe, roi de France, liquels régnoit en l'an mil deux
cens et quatorze. » Ne semble-t-il pas que Beaumanoir hésite, et
ces mots *liquels régnoit* ne doivent-ils pas se traduire par en-
viron 1214? Or, de 1214 à 1219, il n'y a pas loin. D'autre part,
Philippe-Auguste, en faisant porter le douaire légal sur les propres, livrait les acquêts aux hasards de la coutume. La coutume
considérait généralement les acquêts comme la propriété du
mari ; mais la coutume aussi restreignait cette propriété au profit
des enfants et de la femme. Les droits de la femme et des enfants
variaient de nature et d'étendue, si brusquement et si souvent,
une réglementation générale eût été si contraire au principe de
la libre disposition des acquêts, qu'il ne pouvait entrer dans
l'esprit du roi de ramener toute cette matière à des règles uni-
formes. Cependant il y avait une question que le roi ne pouvait
pas ne pas trancher : c'était de savoir si cette succession anor-
male des acquêts s'arrêtait à la femme et aux enfants. Oui, ré-
pondit le roi. « Si la femme meurt sans héritiers, ses parents ne
viendront pas aux conquêts meubles ou immeubles faits pendant
le mariage. » En gardant le silence, Philippe-Auguste eût porté
atteinte à la propriété du mari sur les acquêts ; il eût cédé aux
prétentions, aux empiétements où l'opinion publique entraînait
les héritiers de la femme. C'est pour conserver à la puissance
maritale toute sa force, aux acquêts leur caractère et leur organisation propre, que le roi dut insérer dans son Établissement le
fragment qui seul a survécu.

Contre ceux qui soutiennent les origines purement germaniques de la communauté, la décision de Philippe-Auguste fournit
un argument sérieux ; aussi a-t-on voulu restreindre l'exercice
de cette décision à la province de Normandie. On s'est appuyé
sur le lieu où elle avait été rendue. Raison frivole ! Les chartes
de Guillaume des Roches, sénéchal d'Anjou, ne sont-elles pas
datées de Pont-de-l'Arche ? Les ordonnances de nos rois, datées
de Paris, n'ont-elles force exécutoire qu'à Paris ? Enfin, et ceci
est une raison décisive, rien dans les chartes que nous allons

blissement du douaire à 1214, et la disposition sur les acquêts à 1219. Malgré le respect
que m'inspire l'opinion d'un savant aussi éminent que M. Delisle, j'attendrai des
preuves nouvelles pour abandonner la conjecture de M. Beugnot.

citer, ne s'oppose à l'autorité générale du fragment : *De partici-patione acquisitorum inter virum et mulierem* [1].

Je crois donc pouvoir établir dans ces limites le régime de biens entre époux, au temps de Philippe-Auguste et de saint Louis, c'est-à dire avant Beaumanoir :

1° La femme apportait à son mari son *maritagium*. Les revenus du *maritagium* étaient consacrés aux charges du ménage. A défaut d'enfants, il retournait, avec les successions que la femme avait recueillies, aux parents de la femme défunte [2].

2° Le mari constituait un douaire sur ses biens. Liberté entière était laissée aux parties pour la constitution du douaire. Le *dotalitium* pouvait porter sur les biens propres du mari comme sur les acquêts. Cependant depuis Philippe-Auguste, à défaut de douaire conventionnel, la femme emporte en douaire la moitié des biens que le mari possédait au jour du mariage [3].

3° Le mari et la femme ont chacun leurs biens propres. Ils peuvent donc faire des acquêts qui leur soient propres [4].

4° Les conquêts immeubles faits pendant le mariage par les deux époux sont soumis à des règles spéciales. Pendant le mariage, le mari peut en disposer de la manière la plus absolue. Après le mariage, il faut distinguer.

Le mari meurt laissant des enfants, les enfants et la femme partagent le conquêt [5].

1. B. I., *Cart. de Ph. Aug.*, 9852-3, p. 243. « De participatione acquisitorum inter virum et mulierem. Philippus rex statuit apud Pontem Archie, anno Domini millesimo ducentesimo decimo nono ; mense Julio. De viro et muliere matrimonio conjunctis. Si mulier sine herede decesserit, parentes ipsius mulieris non participabunt cum marito suo in hiis que ipsa et maritus ejus simul acquisierunt dum ipsa viveret in mobilibus nec in tenementis : immo quiete remanebunt marito ipsius mulieris salvis racionabili-bus legatis ipsius mulieris : parentibus vero mulieris accidet, id quod ipsa secum attulit in matrimonium, salvo legato suo quod ipsa potuit facere per jus. »

2. *Ord.* XI, p. 186. *Charte de Laon* (1128).

3. B. imp., ms. lat. 5413, *Cart. de S. Magl. de Paris*, p. 24. Acte de 1197. — Martène, *Amp. col.*, t. I, col. 1003. Acte de 1193. — Martène, *Amp. col.*, t. I, col. 1051. Acte de 1205.— Cf. Beaumanoir, ch. XIII, § 12. — *Olim*, t. I, p. 735, ann. 1268.

4. Arch. de l'Emp., *Cart. de S. Germain des Prés*, LL. 1026, p. 27 v°. « Notum esse volumus quod Jaquelina uxor Odonis de sancto Mederico dedit et concessit ecclesie sancti Germani de Pratis in elemosynam assensu et voluntate prædicte Odonis mariti sui, medietatem terre quam emerunt a Federico (1199). » — Bibl. Imp , fonds des cart., 106. *Cart. de S. Médard de Soissons*, f. 142 v° : « Hannidis relicta Ro-berti de Molendinis dedit omnia sua mobilia... et acquestus que habet, et acquirebit ipsa vivente (1263). — Cf. Beaumanoir, ch. XII, § 10.

5. *Ord.* XI, p. 186, *Ch. de Laon.* — Arch. de l'Emp., 1157. *Cartulaire blanc*

Le mari meurt sans enfants, la femme a la jouissance de tout le conquêt. Une moitié reste aux héritiers du mari[1].

La femme meurt laissant des enfants, les enfants ont droit à la moitié des conquêts[2].

La femme meurt sans enfants, le mari hérite de tout le conquêt, non-seulement en usufruit, mais en pleine propriété[3].

J'avais donc bien raison de dire que les conquêts formaient une succession particulière, où les premiers appelés sont les enfants, les seconds le mari ou la femme, à l'exclusion des parents de la femme, qui recueillent, il est vrai, son *marilagium* et son *hereditas*. Cette espèce de succession est désignée par une expression nouvelle, *ratione conquestus*[4].

5° Quant aux meubles, ils sont affectés par leur nature au payement des dettes du mari[5]. Le *marilagium* a pu comprendre des meubles propres, comme la femme peut contracter des dettes personnelles. Si la femme veut avoir sa part des meubles qui n'ont pas été déclarés propres, elle prendra part aux dettes.

de Saint-Denis, t. I, p. 102, ann. 1250 : « Que omnia dicti Eugenius et Avelina ejus uxor acquisierunt insimul constante matrimonio inter ipsos prout asseruerunt coram nobis, post decessum ipsorum Eugenii et Aveline quiete et pacifice in perpetuum possidendam : salva tamen integre alia medietate dicte Aveline in domibus, granchia et jardino supradictis de qua sua medietate dicta Avelina poterit disponere per voluntatem suam et salvo etiam eidem Aveline usufructu in alia medietate dicti Eugenii elemosinata dicte Ecclesie quamdiu ipsa vivet. »

1. Voyez la charte de 1250 tirée du *Cart. blanc de Saint-Denis*, et cette autre de 1240 tirée du même cartulaire, p. 102, *Donation par Pierre Buhors de S. Denys et son épouse Béatrix :* « Quorum omnium totum conquestum et quintum totius hereditatis dicti Petrus et Beatrix dederunt et concesserunt in puram et perpetuam elemosinam ecclesie Beati Dionysii per donationem inter viros, salvo tamen et retento sibi et eorum alteri qui supervixerit in prædictis quinto et conquestu quoad vixerint usufructu. » — Et la charte de Laon (1128).

2. *Olim*, t. III, p. 1176, an. 1317. — T. II, p. 474, an. 1304.

3. *Décision de Ph. Auguste*, 1219, déjà citée.

4. Cette expression de *ratio conquestus* est d'usage dans l'Ile-de-France; je ne l'ai trouvée que rarement dans les autres provinces. *Cart. de S. Médard* déjà cité, p. 9, acte de 1230; p. 11, 1220; p. 12, 1251; p. 25, 1238; p. 34, 1248; p. 145, 1260. — *Cart. de S. Germain des Prés*, p. 65 v°, acte de 1262; p. 67, 1258 : « Jure hereditario, ratione dotalitii, dotis, conquestus, aut alio quoque jure. » — *Cart. blanc de S. Denis*, t. I, p. 88 v°, 1240; p. 257, 1260. — *Olim*, t. I, p. 565, 1263.

5. *Olim*, t. II, p. 240, 1284 : « Relicta Bouchardi de Monte Morenciaco. .. dicens et allegans consuetudinem Francie notariam et approbatam talem esse quod ex quo renunciabat, parti dictorum mobilium et ballo filii sui predicti, non tenebatur, nec racione dotalicii sui, nec racione sui hereditagii ad solvendum aliquid de debitis que ipsa

X. CHAMPAGNE. — La Champagne attend encore son historien. C'est dans les cartulaires qu'il nous faut aller chercher quelques notions imparfaites.

De 1023, un douaire constitué en biens présents [1]; de 1147, un testament où le droit de la femme à la jouissance des conquêts est assimilé à celui des enfants, et considéré comme un droit successoral. Voilà un fait bien curieux et qui fortifie singulièrement notre système sur l'origine et la nature du droit de la femme noble aux conquêts immobiliers [2].

Les cartulaires dits de Champagne nous offrent les principes du droit coutumier sur le douaire et le *maritagium* [3]. Le mari, la femme pouvaient faire des acquêts qui leur fussent propres. Ainsi les concessions féodales sont faites par les seigneurs suzerains, tantôt au mari, tantôt à la femme, mais pas forcément à l'un et à l'autre [4]. *Quid* des acquêts communs et immobiliers? La femme y a un droit. Ce droit a toutes les apparences d'un droit successoral. La femme se trouve héritière de son mari décédé, et pourtant propriétaire de sa part dans les conquêts. Souvent ce droit se convertit comme le douaire en une rente, et nous avons un exemple de ce droit subordonné à la condition que la femme ne se

et ejus maritus debebant, tempore quo decessit, quare petebat super hujusmodi debitis se absolvi et jus super hoc sibi reddi. » — Voyez Arch. de l'Emp., J. 726, n° 38, le testament de Felipa, femme de Pierre de la Broute, chambellan du roi.

Je joins ici un acte curieux tiré des Archives de l'abbaye de Saint-Crépin près Soissons, B. I., coll. Moreau, I. 76, p. 193, ann. 1170. La pièce commence par une profession de foi pleine de sentiments pieux : « ... Karissima mea Matelina in donationem propter nuptias prout habet usus sancte Ecclesie tibi concedo terram quam modo tenens sum... do tibi meam Suessionis domum... et omnium acquisitionum nostrorum dimidietatem. »

1. Martène, *Thes. Anecdot.*, t. I, col. 141. *Contrat de mariage de Raynard II, comte de Sens*.

2. Martène, *Thes. Anecdot.*, t. I, col. 402. *Acte testamentaire d'Hugues de Til*. « Protestatus est etiam se multa alia ab Hugone Saget, laudante uxore sua Amelina et liberis eorum, acquisivisse, et post acquisitionem usque ad diem ipsam quiete possedisse. Hæc omnia supra scripta præter Bolum, protestatus est se taliter adquisisse quod uxori suæ Saræ, quæ præsens erat et liberis quos ex ea genuerat, *hereditario jure* possidenda juste dimittere poterat et dimittebat. »

3. Bibl. Imp. *Cart. de Champ.*, fonds latin, 5992, p. 44, 239, 284, 296, 297, 300, 314, 315, 319, 346 verso. — *Cart. de Champ.*, fonds latin, 5993, p. 34 verso; 147, 156, 170, 178. — *Cinq cens de Colbert*. Copie du *Liber principum*, n. 56, p. 8, 19, 41, 108.

4. Bibl. imp. *Cartul. de Ch.*, 5992, p. 4, 98, 99, 52, 236. — *Cartul. de Ch.*, 5993, p. 36.

remariera pas... Cette restriction montre l'incertitude qui planait sur le caractère du droit de la veüve noble [1].

Les meubles sont le gage des dettes.

On trouve dans les coutumes de Reims au treizième siècle [2] deux dispositions qui semblent contradictoires : l'une qui permet au mari de constituer le douaire de la femme sur les acquêts communs ; l'autre qui donne à la veuve la moitié des acquêts communs. Distinguons : celle-ci vise le cas où les parties ont réglé d'avance le sort de leurs futurs acquêts, celle-là le cas où elles ne l'ont pas réglé. Il résulte de ce rapprochement que le droit de la femme, quand les parties se taisent, doit avoir le caractère de ce droit quand les parties parlent. Or le douaire sur les acquêts communs est un droit successoral; donc le droit de la veuve noble aux acquêts communs, conserve les allures d'un droit successoral.

1. Bibl. imp. *Cinq cens de Colbert*, n. 56, p. 108. « Marguerite, par la grâce de Dieu, reine de Navarre, de Champaigne et de Brie, comtesse Palatzine ... sachent tuit ... que nos avons nostre doaire, c'est à savoir Espernay, Vertus ... Et nos aurons tous nos conques, que nous avons fais jusque notre sire, li roi de Navarre fu mort. Et par les autres conques que entre nos et nostre signor le Roy fismes ensemble, nos aurons mil livres de terre qui nos seront assises ensemble a regart des prudommes à Provins, en blez et en deniers desquex mil livres de terre nos porrons donner et faire nostre volenté où en aumosne ou en autre chose jusqu'à cent livres et plus non, et auront tous les moibles de la terre de Champagne et de Brie, soit en detes ou en autres choses qui sont et ont esté jusqu'à jourduy. An 1256, p. 114 verso. Cette même année 1256 Marguerite octroie à son fils qu'elle perdra les mille livres de terre acceptées pour ses acquêts, le jour où elle se remariera. » On a dû remarquer que ces mille livres n'étaient qu'un usufruit, puisqu'elle n'avait le droit d'en disposer que jusqu'à concurrence de 100 livres. N'avais-je pas raison de dire que la part de la femme noble dans les conquêts est comme un autre douaire ? Voici un second texte, d'où l'on peut conclure, par un argument *a contrario*, que les acquêts communs appartenaient au mari. *Cart. de Ch.*, 5992, p. 15, an 1221 : « Ita tamen quod prædicte B. comitissa libere ac pacifice sine contradictione ... teneret et possideret quamdiu viveret, totum doarium suum cum omnibus pertinenciis sicut ei factum fuit a comite Theobaldo quondam marito suo et insuper omnes conquestus suos qui post mortem mariti obvenerunt vel obvenire possunt competere mulieri de jure consuetudinario sive scripto. »

2. *Monuments inédits de l'Hist. de France*, Arch. leg. de Rheims, 1re part., t. I, p. 143, Cout. du treizième siècle, § 63. « Si la femme muert où li Barons, cil qui sorvivera aura la moitié de toutes les aquestes, que il ont ensemble aquises, et la moitié de tous les muebles a faire chascun à sa volonté. » T. III, p. 165, Cout. du treizième siècle, § 44 : « De Rekief, cascuns poet douer sa femme de s'aqueste qu'il ara faite aussi bien comme de son héritage et des acquestes qu'il feront ensanle. » Giraud, *Hist. du droit français*, t. II, p. 418, Coutume de Rheims (1250 ?) « Li ons tient tous les acques qu'il fait entre lui et sa femme toute sa vie. »

XI. LORRAINE. — Au point de vue féodal, les provinces de Champagne, de Lorraine et de Bourgogne étaient soumises aux mêmes conditions juridiques. On peut s'en assurer en parcourant plusieurs actes que j'ai recueillis dans l'*Histoire de Lorraine* par dom Calmet[1]. Je n'ai rien pu me procurer de net sur le régime de biens entre époux roturiers.

XII. BOURGOGNE. — Ce que j'ai dit de la Champagne, je le dis aussi de la Bourgogne. La double origine de la communauté s'y révèle d'une manière encore plus éclatante. Non-seulement à la fin du treizième siècle nous voyons, entre la veuve féodale et ses enfants, naître des difficultés sur le droit aux conquêts[2], dif-

---

1. *Histoire de Lorraine*, par D. Calmet, t. IV, 2e part., p. 417, a. 1206; p. 425, a. 1214; p. 429, a. 1220; p. 427, a. 1225; p. 428, a. 1226; p. 457, a. 1241; p. 462, a. 1246; p. 476, a. 1255; p. 524, a. 1282. — Martène, *Thes. anecd.*, t. I, p. 904.

2. D. Plancher, *Hist. de Bourgogne*, Preuves, t. II, n. 77, p. 37. *Testament d'Hugues IV*, an. 1272. Il ne laisse à sa veuve, Béatrix, que son douaire. Il dispose « de bonis meis hereditariis et acquisitis. Item volo quod Beatrix uxor mea carissima, sit contenta donatione propter nuptias seu dotalitio quæ sibi assignavi, quando contraxi matrimonium cum eadem. » Comme Hugues avait fait des acquisitions considérables (D. Plancher, liv. VIII, § 56, p. 17), Béatrix, en 1273, réclama son douaire et ses conquêts (Preuves, t. II, p. 37, n. 79). « Nos disiens que les terres etoient conquises de nostre chier seigneur Hugon, ce en arriere duc de Bourgoigne, ou tens que no essiens sa fame, en tele maniere nos en deviens avoir la moitié par raison de conquests. » Une transaction eut lieu, et Béatrix, pour avoir son douaire, fut obligée d'abandonner la moitié des conquêts. Le testament du duc Hugues fut exécuté; mais Béatrix se vengea en faisant valoir tous ses droits, et en se faisant rembourser un prêt qu'elle avait fait à son mari. La séparation des biens des époux féodaux est, malgré ce droit de conquêts, nettement formulée dans la Bourgogne du treizième siècle. Voy. aussi D. Plancher, t. I, p. 58, n. 87; p. 40, n. 58. — Pérard, p. 325, 439, 444. — Je citerai à cette occasion un traité de mariage de 1302. (D. Plancher, tom. II. p. 110, n. 175.) Il y est convenu que les acquets faits avec le *maritagium* ou l'argent lui-même resteraient propres et reviendraient, à défaut d'hoirs, aux plus proches parents de la femme.

Nous avons vu Béatrix invoquant en vain l'usage général de Bourgogne, et privée, par le testament de son mari, le duc Hugues, de la moitié des conquêts. Nous allons voir, au contraire, la duchesse Agnès les recevoir dans le testament de son époux, Robert, fils de Hugues et de Béatrix « ...Et est ma entencion, dit Robert en 1297, que la moitié de mes accquectz demoroit à ma chere femme, Agnès, duc. de Bourgoingne, paisiblement. » D. Plancher, t. II, p. 82, n. 835. Aussi le fils de Robert et d'Agnès, Huguenin, déclara-t-il, en 1306, que madame la duchesse sa mère « praingne ou non, renonce ou non, aux meuble et aux deittes qui estoient présentes au jour que Mgr le duc son père ala de vie à mort, ait la moitié des acqués faits durant le mariage..... Que ou cas où la dite madame la duchesse renonçoit aux dits meubles et deittes et en tous autres cas, li joel, chevaus, et toutes garnisons que ladite madame la duchesse avoit pour son cors et le gouvernement de son hostel,... demeurant du tout sans rien excepter à madame la duchesse sa mère. » D. Plancher, t. II, p. 124, n. 183. Se peut-il

ficultés qui montrent combien était mal définie la nature de ce droit; mais encore, quoique l'usage général[1] fût le partage des conquêts et des meubles, la veuve à Dijon et dans plusieurs endroits de la Bourgogne était entièrement écartée des conquêts du mari[2].

XIII. AUVERGNE. — Le droit féodal dans toutes les parties de la France repose sur les mêmes bases; aussi ne noterai-je presque rien dans la grande *Histoire de la maison d'Auvergne* de Baluze. La propriété des acquêts communs, qui commença par être l'apanage du mari féodal, flotte encore indécise entre le mari, la femme et les enfants. La distinction des intérêts pécuniaires du mari et des intérêts pécuniaires de la femme est le principe dominant du régime matrimonial[3].

trouver quelque chose de plus clair ? et de la double histoire de Béatrix et d'Agnès, du double testament d'Hugues et de Robert ne résulte-t-il pas que la veuve noble tient le droit aux conquêts de son mari, et qu'elle le revendique, encore à la fin du treizième siècle, en qualité d'héritière ?

1. Pérard, *Anciennes coutumes*, XIII° siècle, p. 361. « Quand li mary mourt, la femme emporte la moitié de ses meubles à toujours mès et la moitié des biens non meubles à sa vie, et s'emporte la moitié des acqués à toujours mès, soient meubles ou non meubles.»—Giraud, *Essai sur l'histoire du droit français*, t. II, p. 268. *De acquestibus*, § 8, avec une rédaction un peu différente.

2. Pérard, p. 358. — Giraud, t. II, p. 268, § 11. — B. I., fonds des cart. 24, *Cout. de Dijon*. Ce manuscrit nous fournit un renseignement précieux. « Se le dit mary ne fait point de douaire de certaine somme de pécune, la femme aura la moictié des biens meubles et non meubles qui demeureront; lesquels biens, elle tiendra à sa vie tant seulement. » Rapprochez cela de la *Coutume de Laon* (1128), qui organise la communauté : « Si nec vir nec mulier hereditates habuerint, » c'est-à-dire, si le mari n'avait point de quoi constituer un douaire.

3. Baluze, *Histoire de la maison d'Auvergne*, p. 98, an. 1201. Renaud, comte de Boulogne, et Ida, sa femme, dotent leur fille Marie du tiers, « totius terræ unde modo saisiti sumus et unde saisiti erimus prædicta die, et medietatem omnium acquisitorum quæ faciemus ab hac die in antea... » Mais le comte ajoute : « Si vero contingerit me prius mori quam prædictam comitissam uxorem meam, dictus filius domini Regis habebit totam terram quæ ad me spectat, excepto dotalicio quod Yda comitissa uxor mea habebit in medietate terræ quam habeo in terra Domni-Martini. » — Aucune réserve n'est faite pour les acquêts, p. 101, an. 1251. Jeanne de Boulogne lègue à sa mère Mathilde, « integram parte... quæ ad me pertinet et ad me devenit ex successione patris mei... de rebus aliis quas carissimus pater meus et dicta Matildis carissima mater mea insimul acquisierunt.» — P. 145, *Testament de* 1311. — P. 315, *Testament de* 1340. — P. 772, *Testament de* 1379. « Nous laissons à Monseigneur le comte de Bouloingne et d'Auvergne tous nos biens meubles et acquêts » (meubles et acquêts propres). — P. 773, an. 1388. Douaire comprenant les acquêts du mari. — *Gallia christiana*, Preuves, t. II, p. 200, acte de 1209. — Sous le titre de *Stile du droit françois*, ancien fonds 9387, la Bibl. Imp. possède un coutumier inédit de l'Auvergne et du Bourbon-

Du centre, passons au midi, et achevons rapidement cette revue juridique de la France du treizième siècle par le **Dauphiné**, le **Languedoc** et la **Guyenne**.

XIV. Dauphiné. — Le droit romain au treizième siècle triomphe en Dauphiné. Que les *Petri exceptiones* [1] soient l'œuvre d'un savant ou d'un praticien, peu importe; cet ouvrage n'en exprime pas moins le côté romain de l'esprit public aux onzième et douzième siècles. Il ne faut donc pas s'étonner si les *Preuves de l'histoire du Dauphiné*, par Valbonhais [2], et la collection manuscrite de la Bibliothèque impériale ne contiennent aucune trace de la communauté.

XV. Languedoc. — Les textes abondent : les milliers de chartes publiées par dom Vaissète [3], les *Coutumes du Midi*, par M. Giraud; la collection Doat, à la Bibliothèque impériale [4]; plusieurs cartons aux Archives impériales [5], offrent un ensemble incomparable de ressources authentiques. J'ai dit les origines coutumières de la communauté; j'ai dit comment s'était formée dans le *dotalitium* une société d'acquêts; j'ai dit que cette société

nais (xive siècle). On y lit la disposition suivante, qui fait bien voir que le droit de la femme aux conquêts et aux meubles se confond souvent avec le douaire. « Par la coutume du Bourbonoys, le mary et la femme sont communs en biens meubles et conquests, et s'il avient que la femme seurvive au mary, elle aura la moitié des meubles et conquetz a elle et aux siens et aux héritiers qui estoyent au mary par avant le contrast du mariaige... Au regard des biens immeubles situés en Auvergne fauldrait garder la coustume d'Auvergne. Et au dit cas n'aura point la femme de douaire, mais par la dite coutume la femme n'aura nul douaire sur les héritaiges qui sont advenus au mary par escheute collateralle mais tant seulement aux heritaiges qui luy sont advenus par le trespas de son père. »

1. *Petri Except.*, liv. I, ch. 30, 31, 32, 33, 34, 35, 36, 37, 42, 50, 51; l. II, ch. 38; liv. IV, ch. 53, 54, 55.

2. Valbonnais, *Hist. du Dauphiné.* Cf. pourtant p. 69 et 592.

3. Les preuves pour le Languedoc sont si nombreuses que je me borne à choisir dans dom Vaissète les principales. Il sera facile de les parcourir et de vérifier mes conclusions : t. II, n. 311, 325, 342, 377, 385, 386, 388, 411, 445, 480, 481, 500, 501, 535; t. III, n. 8, 14, 34, 82, 156, 159, 178, 197, 208, 273, 371. Je ne cite que les actes du douzième et du treizième siècle. Conférez avec les chartes orig. 15, 19, 23, 33, 35, 37, 50. B. I. Chartes de Colbert. — Narbonne.

4. B. I., collect. Doat, 38, p. 5, acte de 1200. Le futur dit : « Dono tibi in donationem propter nuptias medietatem totius honoris mei, tantum quem modo habeo, vel habere debeo, vel in antea favente Deo te cum adquisciero, exclusis tamen mobilibus in quibus nihil tibi concedo. » Cette rédaction diffère un peu de la rédaction ordinaire des conventions de mariage. Je crois cet acte inédit.

5. Particulièrement *Sect, Hist.*, cart. J, § 20, n. 21, 28, 36, 44, 55; cart. K, 1291, n. 12 et 44.

avait partout fonctionné dans le Nord comme dans le Midi, et plus encore dans le midi de la France. Et cependant quel est le régime des époux en Languedoc au treizième siècle? La séparation du patrimoine de la femme et du patrimoine du mari, la dot, la *donatio propter nuptias*, le régime dotal. C'est que la renaissance du droit écrit avait porté un coup mortel au droit coutumier. Le *dotalitium* ne disparut pas : il se transforma. La *donatio propter nuptias* lui imposa ses règles écrites. Les deux institutions tantôt se confondirent, tantôt vécurent l'une à côté de l'autre : *Ratione dotalitii seu donationis propter nuptias.* L'Église adopta le nouveau droit : elle détruisit elle-même ce qu'elle-même avait créé. Puis la féodalité s'était organisée, et le régime dotal, mieux que la communauté, entrait dans la nature du fief. Bref, je ne dirai pas que la communauté fut anéantie; car la société d'acquêts dans le *dotalitium* n'était pas encore la communauté; mais je dirai que les classes roturières du Midi n'étaient pas travaillées par les mêmes besoins, soumises aux mêmes influences qui développèrent la communauté dans les classes roturières du Centre et du Nord.

XVI. GUYENNE. — Rien dans Rymer [1], rien dans les *Preuves de la Gallia christiana* [2].

Je sens mieux que personne l'imperfection du tableau que j'ai tenté d'esquisser. Chaque province mérite une étude spéciale qui rectifie et complète les notions recueillies. Cependant, il faut conclure : et ma conclusion, si toutefois j'ai conquis le droit d'en donner une, ma conclusion, dis-je, est la diversité des origines de la communauté chez les nobles et chez les roturiers.

III.

La communauté chez les nobles.

Les droits de la veuve noble sont fondés sur les traditions germaniques. La veuve franque et la veuve noble se présentent comme héritieres du mari.

Prenons d'abord les conquêts immobiliers.

1. Rymer, t. I, p. 142. Douaire de 1279.
2. *Gallia christ.*, t. II, p. 269, an. 1043.

Nous avons vu, pendant la période mérovingienne et carolingienne fonctionner deux institutions, le *dotalitium* et le gain de survie : toutes deux tendaient au même but; toutes deux, quoique dans des situations différentes, créaient au profit de la femme un droit aux acquêts et aux meubles. Le *dotalitium* formait une donation de biens présents et à venir, une donation et une société. La féodalité se constituant, les devoirs du fief s'opposèrent à la donation de biens présents et à la société : l'incertitude de l'avenir à une donation de biens futurs. Le *dotalitium* changea; il devint presque toujours ce qu'il était rarement autrefois, un usufruit. Ce n'est pas qu'au quinzième siècle, les acquêts communs, ne servent encore de fondement au douaire conventionnel. Mais cette combinaison de jour en jour est plus rare. Le *dotalitium*, des acquêts passe aux propres et s'y fixe.

Une telle révolution dans l'objet du *dotalitium* semblait devoir faire perdre à la femme la jouissance des conquêts communs. Il n'en fut rien. Ce que la femme perdit par le *dotalitium*, elle le gagna par le gain de survie : et en effet, dans la grande confusion juridique du onzième siècle, dans cette lutte, dans cette mêlée des principes les plus divers, par l'effort de l'Église et la nécessité de secourir la femme exclue de la succession féodale, le gain de survie triompha. Les Romains, les Francs avaient disparu. Une seule nation était née, la nation féodale, et la nation féodale, qui s'était constituée par un vif retour aux traditions germaniques, adopta sans hésiter, ce qu'elle croyait être le gain de survie des lois barbares. Je dis ce qu'elle croyait être, car on ne s'aperçut pas qu'en cessant d'être légal, en devenant coutumier, le gain de survie avait changé de nature ; on ne s'aperçut pas que sous le couvert d'un droit de succession, la femme reçut un droit de copropriété. Cependant ce droit ne s'établit pas sans conteste. La nature féodale des conquêts immobiliers faisait obstacle, et ce fut par des transactions pécuniaires, que dans les mœurs et la législation, la vérité nouvelle que la femme est copropriétaire, se substitua à la fiction que la femme est héritière.

La législation sur les meubles laisse intact le système que je propose. Quand le mari noble survit, il prend les meubles, paye les dettes : qui bail prend, quitte le rend; mais à la femme survivante qui n'a jamais eu de bail, cet axiome ne peut s'appliquer. Elle paye les dettes, car elle succède aux meubles que son mari n'a pas dissipés ou légués. Dans le droit d'accepter la succession mobilière du mari, dans le droit d'y renoncer, n'aperçoit-on pas la marque éclatante que la veuve noble se présente comme héritière [1] ?

On lit dans le coutumier de Charles VI [2] que le droit de renoncer a été créé pour les femmes nobles à l'époque des croisades. Il est certain que les conciles, les ordonnances de nos rois, les bulles pontificales [3] couvrirent d'une protection permanente les biens des croisés absents. Mais du privilége de renoncer, aucun texte contemporain ne parle. L'auteur du coutumier n'a d'autorité que pour les choses de son temps, et jusqu'à preuve contraire, il est permis de révoquer en doute l'authenticité du fait qu'il avance.

J'ai rattaché au gain de survie des lois barbares l'origine du droit de renoncer, et j'ai dit comment à cette époque, la femme pouvait renoncer aux conquêts immeubles et aux meubles, réunis sous le *mundium* du mari. Qu'il me soit permis de faire ici une remarque nouvelle : pourquoi Beaumanoir, les *Établissements* de Saint-Louis, les *Olim*, Bouteiller, les coutumes d'Artois, Monstrelet, le grand coutumier [4], font-ils dépendre le payement

---

1. Dans le *Livre de jostice et de plet*, p. 256, liv. XXIV, § 5, la femme est qualifiée héritière, « et se home conquiert, lui et sa feme, et muere, sa feme sera heir en la moitié par la reson de la compoignie et des mobles ausint. »

2. *Grant coustumier*, l. I, fol. 83.

3. D. Bouquet, XVII, 25. — *Spicileg.* de d'Achery, tom. VI, p. 467. — Labbe, t. XI, p. 654. — Rymer, t. I, p. 454.

4. Beaumanoir, XIII, 9. « Il est au quois de le feme quand ses barons est mors de laissier tous les muebles et toutes les dettes as hoirs, et d'emporter son doaire quite et délivre : et s'il li plest, ele pot partir as muebles, et se ele y part, ele est tenue à se part des dettes. » — *Établissements*, liv. I, ch. 15. « Gentilfame aura la moitié ès muebles se elle veult : mais elle mettra la moitié ès dettes et se elle ne veut rien prendre ès muebles elle ne mettra rien ès debtes et de ce est-il à son chois. »—*Les Olim* t. II, p. 240, an. 1284. Il s'agit de la veuve de Bouchard de Montmorency. « Allegans consuetudinem Francie notariam et approbatam talem esse quod ex quo renunciabat parti dictorum mobilium et ballo filii sui predicti non tenebatur nec ratione dotalicii nec ratione sui hereditagii, ad solvendum aliquid de debitis que ipsa et ejus maritus debebant, tempore quo decessit. » — Monstrelet, liv. I, ch. 18. « Et là, la duchesse Marguerite sa femme renonça à ses biens meubles pour le doute qu'elle ne trouvast de trop grandes dettes. » — D. Plancher, *Hist. de Bourgogne*, t. II, p. 124, n. 183, en 1306. Hugue déclare : « que madame la duchesse sa mère prainge ou non, renonce ou n'm aux meubles et aux dettes qui estoient présentes au jour que Monseigneur le duc son père ira de vie à mort, ait la moitié des acquès faits, pendant le mariage. »— Bouteiller, *Somme rurale*, Ire partie, tit. 97, p. 551 dit : « Elle peut renoncer aux

des dettes de la seule possession des meubles? Tous semblent
organiser entre les propres du mari et de la femme une espèce de
succession particulière, avec les meubles pour actif et les dettes
mobilières pour passif [1]. Pourquoi n'y pas comprendre les conquêts féodaux? C'est que la féodalité avait séparé, ce qui jadis
était confondu, les conquêts immeubles et les meubles. On ne
renonce qu'à l'objet d'un droit. Tant que la femme noble n'eut
pas droit au fief, elle n'eut pas part au conquêt immeuble qui
était un fief. Ne succédant pas elle ne renonça pas. Au contraire
les meubles par leur nature échappèrent aux règles féodales. Le
droit de la veuve aux meubles, et à sa suite le droit de renonciation traversèrent sans être atteints, la crise qui transformait
la condition des conquêts immeubles. Quand plus tard la nature
du fief ne fut plus une raison suffisante pour écarter la femme
des conquêts féodaux, la renonciation s'étendit de nouveau des
meubles aux conquêts immobiliers. De nouveau il se forma une
masse commune sur laquelle sans distinction, le droit de renoncer s'appliqua. Voilà pourquoi Charondas le Caron remarque
que la renonciation ne s'étend pas seulement aux meubles comme
le paraît dire Bouteiller, *mais aussi aux acquêts et conquêts* [2].

S'il est vrai que la veuve féodale ne supportait dans les dettes
du mari qu'une part proportionnelle à celle qu'elle prenait volontairement dans les meubles, on conviendra qu'il n'était guère
nécessaire de lui accorder un privilége de renonciation. Et cependant
faut-il imputer à l'imagination trop vive de l'auteur du
Coutumier, l'origine erronée qu'il assigne au droit de renoncer?
Je ne le crois pas. Il y eut, en effet, au temps des croisades, une
sorte de renaissance du droit de renoncer, et cette renaissance fit
illusion.

La veuve noble n'était point, à la mort du mari, saisie des
meubles, des conquêts et des dettes; elle peut non pas tant accepter ou renoncer, que choisir. La femme a le droit de choisir

meubles et aux cateulx et parmy ce elle demeure quitte de toutes les dettes. » — Varin, *Archives législatives de Reims*, Ire partie, p. 823, *Coutume du XVe siècle*. « La
femme du mary noble a trois choix : c'est assavoir de prendre et appréhender les meubles, debtes et choses mobiliaires à la charge de payer les debtes auquel cas elle aura
avec ce son douaire. »

1. Je dis les dettes mobilières, car la dette du prix d'un conquêt immeuble ne peut
manquer de suivre cet immeuble.

2. Charondas. Le Caron, Com. sur le tit. 21 de la 2e partie.

des meubles, voilà son vrai droit : et comme les meubles sont
le gage des dettes, elle paye des dettes en proportion de ce qu'elle
prend dans les meubles [1]. Il en résulte, que si la femme renonce,
elle renouce à son droit de choisir, et que cette renonciation
s'exerce sans formalités par l'abstention et le silence de la femme.
Mais voici que la communauté roturière se constitue, et qu'elle
se constitue précisément au moment des croisades. Or, dans la
communauté roturière la veuve est tenue. Elle est saisie des
meubles, des acquêts et des dettes, des dettes mêmes sur ses propres. On ne tarda pas à comparer le mariage roturier et le mariage féodal, et dans la comparaison, de trouver, d'établir des
différences. L'usage s'introduisit pour la femme noble de jeter
sur la fosse du mari ses clefs, sa ceinture et sa bourse. L'orgueil
aristocratique se trahit dans ses formes nouvelles de renoncer. La
femme renonça solennellement, parce que la femme roturière ne
le pouvait pas; elle renonça pour prouver l'antique origine de
son droit de veuve ; elle renonça par vanité. Le nombre, l'éclat
de ces renonciations, et surtout la nouveauté du cérémonial
firent croire que le droit datait des croisades et formait le privilége des femmes nobles. De privilége consacré par un acte, il
n'y en eut pas. Le privilége fut le droit commun des nobles,
parce que l'ancien droit commun était resté le droit particulier
des nobles. La tradition que la femme noble hérite de son
mari, et que partant elle peut accepter ou renoncer conduisit à
dire que la femme ne peut renoncer que lorsqu'elle est noble.
On attribua à la qualité de roturière, l'infériorité de la femme
roturière, et l'on ne vit pas que si la femme roturière ne pouvait
pas renoncer, c'est qu'elle n'était pas héritière, mais associée.
Ainsi peuvent se concilier dans une certaine mesure de vérité,
l'antique origine du droit de renoncer et l'assertion de l'auteur
du Coutumier.

Le caractère général du droit de la femme une fois défini,
essayons de reconnaître les deux formes sous lesquelles ce droit
se produisit : le préciput et la compagnie des gentilshommes.
On se rappelle les conditions qui présidaient au gain de survie
des lois barbares. Si le mari survivait, il ne devait rien aux

---

1. Voy. les textes cités. — B. I., Ms. dom Housseau, t. VI, n. 2023. « Quod si *forte*
ipsa voluerit habere medietatem mobilium, solvat medietatem meorum debitorum. »
Testament de 1200.

héritiers, des conquêts qu'il n'avait point promis par contrat de mariage. Conquêts et meubles il gardait tout. Si, au contraire, la femme survivait, elle prenait sur eux son douaire, morgengab légal. Ainsi, déjà un jeu était organisé sur la vie des époux. Celui qui vivait, gagnait. Le jeu continua. La masse des conquêts et des meubles fut mise tour à tour à la loterie de la survie : seulement point capital, la femme acquit dans cette loterie des chances égales à celle de l'homme. Les contrats de mariage par des stipulations réciproques, les testaments par des legs, assurèrent au survivant la jouissance des conquêts et des meubles. Le préciput commença par être conventionnel; il finit par être légal. Peut-être même les *Novelles* de Justinien (53, ch. vi, et 117, ch. v), en faveur de l'époux survivant, eurent-elles quelque part dans cette révolution. Le préciput, que la coutume de Péronne qualifie de privilége de noblesse [1], se lie intimement, quoique indirectement, au gain de survie des lois barbares. Il n'est ni ordonnance, ni arrêt, ni auteur, qui constate le jour où cette forme spéciale de la communauté prit naissance. Elle naquit du désir de relever le sort de la femme, et sous l'empire de cette erreur, que la femme était héritière. C'est ainsi que le *Grand coustumier* conçoit le préciput purement mobilier [2]; et voilà comment Loysel et la coutume de Valois trouvaient, dans cette masse de biens livrés au hasard de la survie, un droit de succession [3]. Dans certaines coutumes, la femme n'avait un droit complet qu'en l'absence d'enfants; mais nous croyons que cette règle ne se développa que tard, au seizième siècle, par une réaction en faveur des mineurs [4]. L'égalité fut à l'origine la base des droits des époux, et peut-être même est-ce pour l'atteindre que le préciput s'est formé [5].

1. Péronne (art. 126).

2. *Grant coustumier*, liv. I, fol. 83.

3. Loysel, 2, 5, 23, place le préciput au titre des successions. Ainsi la coutume de Valois, art. 62.

4. *Coutumier général*, t. III, p. 1111, cout. de Blois

5. Les coutumes qui exigent formellement l'absence d'enfants sont rares : Paris, art. 238; Blois, 182. — Loysel a dit (II, 5, 23) : « Entre nobles, le survivant sans enfants gagne quasi partout les meubles. » Mais la condition de l'absence d'enfants ne se trouve point pour les acquêts dans les coutumes d'Anjou, de Valois, du Maine, ni pour les meubles dans les coutumes de Bourgogne (25), de Clermont (189), de Lorraine (t. II, art. 1).

Au quatorzième siècle, le préciput ne fut, dans les hautes classes féodales, ni la seule, ni même la forme la plus répandue de
la communauté. Des traditions du passé, des mœurs du présent,
se forma la compagnie des gentilshommes; au fond, c'était la
communauté des bourgeois. Beaumanoir nous montre le gentilhomme et sa femme formant compagnie volontaire d'acquêts [1],
la femme disposant par testament de sa part dans les conquêts [2],
prenant, à la dissolution du mariage [3], ou laissant à ses enfants
le droit de prendre la moitié dans les conquêts et les meubles [4].
N'y a-t-il pas là, reconnaissance de la copropriété de la femme et
application des règles de la société [5] ? Mais telle est la force des
préjugés aristocratiques, que dans une institution dont le principe était l'égalité, s'introduisit le privilége. On assimila les conquêts aux meubles; on soumit cette masse à une législation particulière. La femme, qui n'avait d'abord renoncé qu'aux meubles
et aux dettes [6], renonça à la communauté; et l'institution roturière fut relevée et anoblie. Ainsi la renonciation était restée
la propriété exclusive des gentilshommes, et lorsque la communauté bourgeoise envahit leur régime matrimonial, ils lui appli-
quèrent ce privilége comme le sceau de leurs armes et le cachet
de leur supériorité féodale.

Il n'est pas un ancien auteur qui ait su discerner les éléments
contradictoires de la compagnie des nobles. Charondas le Caron
raconte qu'un vieux praticien, nommé Guido, dont il avait un
manuscrit, appelait, du temps de Philippe Auguste, le droit

1. Beaumanoir, XIV, § 21. « Se uns gentix hons et une gentix feme assanllent ensanlle par mariage et acatent fief. »

2. Beaumanoir, XII, § 10. « Le mariage durant, li chevaliers aceta un fief, et en fist
homage au conte : après, le dame, en se derraine volenté donna à son baron, toz ses
muebles et ses conquès à tenir les dis conquès toute se vie, et après ele morust. »

3. Beaumanoir, XIV, § 29. « Exepté le partie que le feme au mort en doit porter,
s'il estoit mariés, c'est à savoir : son douaire, le moitié des muebles et le moitié des
conquès. »

4. Beaumanoir, XIV, § 20. « Uns chevaliers et une dame en lor mariage acetèrent un
fief en l'eritage du chevalier. Ils orent enfans. Après, le mère morust, et li enfant de-
mandèrent le moitié du fief par le reson de l'aqueste lor mère. »

5. *Style du Châtelet de Paris*, ms. Bibl. Nat., suppl. français, n. 325, p. 91 v°.
L'auteur, parlant d'un chevalier et d'une dame, dit : « Le second fils aura toute la part
de la dite dame sa mère des conquetz qu'elle a faiz en la compagnie du second mari. »

6. Bouteiller, *Somme rurale*, Com. de Charondas Le Caron sur le titre 97 et 98 de
la 1ʳᵉ partie, p. 556, 565.

de moitié aux acquêts, droit de veuve [1]. Deux cents ans après, Bouteiller partageait l'erreur de Guido [2]. Et pourtant, sous l'apparence d'une héritière, qu'était la femme noble, si ce n'est une associée?

Il fallait que le régime de communauté fût devenu une véritable nécessité sociale, pour conquérir et dominer une classe où tout conspirait contre lui. Sa victoire ne fut pourtant pas si complète, qu'on ne puisse citer certains points où il échoua. De la maison royale, et de quelques autres grandes maisons de France, la communauté de biens, comme le douaire légal [3], fut exclue. Les intérêts étaient trop nombreux, trop variés, pour qu'ils ne fussent pas réglés d'avance. Le contrat de mariage prévoyait tous les événements, et chacun des époux avait par acte ses droits fixés. « Le contrat de mariage, dit Montesquieu, fut pour les nobles une disposition féodale et une disposition civile [4]. » Si nous descendons jusque dans les rangs inférieurs de l'aristocratie, nous trouvons encore la trace des anciens usages. On peut citer certaines coutumes où le droit germanique du mari à la propriété absolue des acquêts est énergiquement maintenu [5].

III.

La Communauté chez les roturiers.

La communauté des nobles s'appuie sur les traditions germaniques; la communauté des roturiers renouvelle le droit coutumier. La communauté des nobles apporte comme éléments définitifs la puissance maritale dans ce qu'elle a de plus absolu, le préciput et la renonciation. La communauté des roturiers seule

---

1. Bouteiller, tit. 98, Ire partie, p. 561.

2. Beaumanoir, ch. XIII, 12.

3. Montesquieu, *Esprit des lois*, liv. XXI, ch. XXXIV.

4. Mail'art *Cout. d'Artois*, 1509, § 90 : « En acquisition d'heritaige féodal, le mari est seul à questeur. — Giraud, t. II, p. 268, *Anciennes coutumes de Bourgogne. De Acquestibus*, § 11 : « A Dijon, et en plusieurs aultres lieux de Bourgoingne, la femme ne prent rien en acquestz de son mari faiz durant leur mariage. » — Giraud, tom. II, p. 418. Anciennes coutumes de Reims. — *Archives législatives de Reims*, publiées par M. Varin, coutume civile du quatorzième siècle, § 18, p. 616.

5. Ord. XI, p. 208. Dun le Roy, § 7. — XI, p. 290. Poitiers, § 1. — XI, p. 262, Sens, § 5. — XI, p. 219. Soissons, § 5. — XI, p. 318. La Rochelle. — XI, p. 407. Charroux, § 11. — XI, p. 186. Laon, § 10.

renferme le principe fondamental, l'égalité des époux dans une association volontaire.

La communauté de biens entre époux est une institution complexe, un fait social, et les faits sociaux se forment lentement par des modifications successives qu'enchaînent entre elles les mœurs et des besoins toujours nouveaux. J'ai dit les origines chrétiennes, germaniques et coutumières de la communauté, si l'on peut toutefois rapprocher à ce point la société d'acquêts cachée dans le *dotalitium*, et la communauté roturière. Il est certain, que la même cause, les mœurs, la même influence, l'Église présida à ces deux associations conjugales. J'ai dit aussi la fermeté avec laquelle l'Église défendit contre la féodalité, le principe de l'égalité des époux. Enfin, j'ai montré comment au douzième siècle, le droit pontifical ordonnait le partage des conquêts communs. La décision qu'en 1186, rendit le pape Urbain III en cette matière, me semble d'une importance extrême, et nous livre le secret des progrès rapides, que la communauté fit dans les classes roturières. Quelle autorité ne dut-elle pas avoir alors qu'invoquant la doctrine divine, et le droit canonique, l'Église demanda qu'on satisfît aux besoins les plus impérieux du temps? Elle parle et montre l'égalité des époux devant Dieu; elle dicte, et les clercs appliquent au contrat de mariage, *societas nuptiarum*, les principes romains du contrat de société. Songez que nous sommes au douzième siècle, en pleine fièvre de résistance et d'égalité. Les villes se soulèvent, et les armes à la main poursuivent des garanties de liberté et de sécurité. Le roi, les seigneurs n'interviendront plus dans le mariage des bourgeois [1]. Les époux seront libres. Pourquoi ne seraient-ils pas égaux? Dans le partage des successions le frère ne l'emporte pas sur la sœur [2]. La femme contribue au ménage dans les mêmes proportions que le mari, et si tous deux embrassent la carrière du commerce, les époux, l'un comme l'autre, la suivront brillamment. Mais cette égalité si naturelle, cette égalité qui était pourtant un effet de leur infériorité sociale, comment pour les bourgeois la faire valoir? La question fut résolue d'instinct par ce grand mouvement qui précipita les basses classes dans l'association. La commune

---

1. Beaumanoir, ch. xiv.—*Établiss. de St-Louis*, I, 132.—Bouteiller, tit. LXXVIII, p. 458 et p. 460. — Thierry, *Doc. inéd.* Amiens, t. I, p. 161.

2. *Ord.* XI, p. 229. Roie, § 17.

dans l'histoire, la corporation dans l'industrie, la communauté dans le droit, sont les expressions diverses d'un mouvement général.

Des situations sociales aussi tranchées, aussi distinctes, que celles des gentilshommes et des francs, devaient enfanter des institutions qui leur fussent propres. Comparons la communauté chez les nobles et la communauté chez les roturiers. L'intention des parties est le trait distinctif qui les sépare. La communauté noble semble appeler la femme à un droit de succession. La communauté bourgeoise consacre à son profit un droit de propriété. Chez les nobles, c'est une tradition, chez les bourgeois une convention. « Cascun, dit Beaumanoir, set que compaignie se fait par mariage, car sitost comme mariages est fes, li bien de l'un et de l'autre sont communs par mariage [1] » On pourrait s'il ne s'agissait que de meubles, expliquer cette communauté par la confusion; mais cette phrase : « li bien de l'un et de l'autre » comprend les meubles. Il faut donc aller chercher une autre raison à la compagnie, et cette raison, je la trouve dans le consentement des époux. Beaumanoir suppose que les époux suivant la générale coutume, n'ont point fait de contrat, et que la compagnie légale dont il trace les règles, a pour fondement comme notre communauté légale, la volonté des parties. Dès lors, tout s'explique : et le partage par moitié des meubles, des acquêts, des dettes, et l'égalité des droits et des devoirs entre époux. Du moment que le mari et la femme offrirent à l'association, deux positions juridiquement et moralement semblables, le partage égal des bénéfices dut entraîner le partage égal des charges. La femme avait fait compagnie, elle en devait supporter les effets; elle gagnait la moitié des meubles, n'en eut-elle pas même apporté; elle devait la moitié des dettes même sur ses propres. La femme noble se présentait comme héritière et pouvait renoncer. La femme roturière se présentait comme associée et ne le pouvait pas.

De ce principe fondamental, que la compagnie roturière est une société volontaire, j'ose tirer une autre et plus importante conséquence. La base sur laquelle repose le droit d'administration du mari tend à se déplacer. Noble ou roturier, le mari était bail et mainbour de sa femme. La mainbournie, c'est le *mun-*

---

1. Beaumanoir, XXI, 2.

dium, et en vertu du *mundium*, le mari fait siens fruits, meubles et conquêts; mais voici qu'à sa qualité de mari il joint celle d'associé; s'il administre, ce n'est plus seulement comme mainbour, c'est comme commun. Le contrat accessoire de société se mêle au contrat principal de mariage et le domine. Que la personnalité du mari dérobe aux regards de tous la personnalité de l'associé, soit; mais l'associé est le fond et le mari la forme. Dès lors le mari n'administre plus pour lui seul, et l'on peut entrevoir, se cachant sous cette omnipotence, le nouvel élément du mandat de la femme au mari associé.

Je ne dis pas que nos pères se soient rendus compte de ce qui se passait autour d'eux. En formant compagnie, en combinant ensemble un certain nombre de faits juridiques, ils n'avaient point la prétention de rattacher ces faits à telle ou telle institution. Mais il est un certain ordre naturel des choses qui se rasseoit de lui-même et se reforme lorsqu'on le dérange. Le temps fait toujours rentrer les événements dans l'ordre logique de leurs principes; et c'est ainsi, que l'esprit d'égalité et de société luttant pour diriger la communauté contre la puissance maritale, reprit, en les modifiant dans son sens, tous les faits que les mœurs avaient produits. L'histoire de la communauté, depuis les coutumes jusqu'au code, se résume en deux mots. La puissance absolue du mari s'affaiblit; la position de la femme s'améliore. A chaque siècle se dégage peu à peu l'idée que si le mari n'est plus propriétaire, il est associé, et que s'il administre, c'est en vertu d'un mandat tacite de sa femme. La théorie du mandat est dans l'idée même de société, et je n'hésite pas à confondre ses origines avec les origines de la communauté.

En définitive, quelques règles fort simples président à l'organisation de la communauté roturière. *Maritus vivit ut dominus, moritur ut socius.* Les droits de la femme, nuls pendant le mariage [1], paraissent à la mort du mari. La femme ou ses héritiers prennent la moitié des meubles et des acquêts [2]. La nue propriété

---

1. Desmares, déc. 77. D'Argentré, art. 408. *Anc. cout.*, Gloss. 3, n° 1.

2. Beaumanoir, XIV, § 29. — XII, §§ 10 et 22. — XX, § 9. — XXI, § 2. — *Ordonnances*, XI, p. 168. Lettres de Louis VI à la ville de Laon, en 1168. — *Ordon.* XI, p. 165. Charte d'Amiens, 1190. « Qui superstes fuerit medietatem solus habebit et infantes aliam. »

Assises de Jérusalem, C. des Bourg, ch. CLXXXIII, éd. Beugnot, p. 122. « S'il avient que un homme et sa feme ont encemble conquis vignes ou terres, ou maisons ou jar-

des propres est exclue de la communauté [1] ; mais en fait, les
propres ne sont pas à l'abri de la mauvaise administration du mari,
puisque la femme doit, même sur eux, la moitié des dettes [2].
La femme roturière n'accepte ni ne renonce, elle est tenue.

Nous avons vu le gentilhomme adopter la compagnie roturière; nous allons voir le roturier suivre le préciput des gentilshommes. Il faut, à cet égard, faire une distinction capitale.
Le préciput mobilier, le droit de prendre tous les meubles en
payant toutes les dettes, constitue un privilége qui se lie étroi-
tement au droit de renonciation, à la qualité d'héritière de la
femme noble. Quand le droit de renonciation fut accordé à la
femme roturière, on aurait pu lui accorder aussi le préciput
légal ; mais c'était déjà trop que d'avoir perdu un privilége. Les
nobles se réservèrent soigneusement le préciput mobilier, et
très-généralement les coutumes donnèrent cette satisfaction à
l'orgueil aristocratique. Il n'en fut pas de même du préciput immobilier, parce que, à l'origine, comme je l'ai déjà expliqué, on
ne renonçait pas aux conquêts immeubles. Rien n'empêchait
d'ailleurs les époux roturiers de former une compagnie, dans laquelle le survivant jouit de la totalité des bénéfices immobiliers.

---

dins, le droit dit que la feme doit aver la moitié de tout. — *Livre de jostice et de
plet,* Documents inédits, p. 217, l. X, tit. XX, § 2.— P. 219, l. X, tit. XXI.—P. 255,
liv. XIII, tit. XXIV, § 5. — *Établissements,* liv. I, ch. xv.

Les Olim, t. I, p. 565—1263. Saint Louis avait donné 20 livres de revenus à son
cuisinier Saveric. La femme réclame *racione conquestus, cum ipsi marito suo con-
cesse fuissent, constante matrimonio inter ipsos.* T. I, p. 708, 1267. Quatre ans
après, la même espèce fut jugée d'une manière différente; mais le droit de communauté n'en est pas moins reconnu. T. II, p. 474, 1304.

Style du droit français. B. IV, man. 9387, anc. fonds, pour le Bourbonnais et
l'Auvergne.

Cout. de Bourg., quatorzième siècle. (Giraud, t. II, p. 268). *De acquestibus,* § 8.
Maillard, *Anc. cout. d'Artois,* quatorzième siècle, tit. XXXV, §§ 4 et 5.
Marnier, *Anc. cout. inédit. de Picardie,* quatorzième siècle, p. 9, tit. IX, des ac-
questes. — *Anciennes coutumes de Ponthieu,* p. 110,
Bouteiller, *Somme rurale,* tit. XCVIII, p. 561; tit. LXXVIII, p. 459; tit. LXXVI,
p. 445.

1. Documents inédits : *Monuments du tiers État,* t. III, p. 150. — *Livre de jostice et de plet,* p. 173, liv. IX, tit. I, § 4.—*Les Olim,* t. I, p. 150, an. 1260.—Beaumanoir, ch. xxi, § 2. « Mais voirs est que li treffons de l'iretage qui est de par le feme,
ne pot li maris vendre se ce n'est de l'otroi et de le volonté de se feme. »

2. *Cout. de St-Dizier,* treizième siècle, dans les Documents inédits, t II, p. 325,
§ 227. — *Coquille sur Nivernais,* t. XXIII, art. 7. — *Ferrières et les commenta-
teurs sur l'art.* 237 *de la Cout. de Paris,* t. I, p. 596.

Ne voit-on pas par les communautés continuées dont Beaumanoir nous donne des exemples, combien était vif le mouvement
qui poussait à prolonger comme à former des associations [1]?
On pourrait soutenir avec un peu d'audace que le préciput immobilier est pour la roture une forme de la communauté con-
tinuée; et pour bien faire comprendre ma pensée, je dirais alors,
sous toutes réserves, *societatem defuncti persona sustinet.*

A ces raisons particulières, joignons les raisons générales.

J'ai dit que le préciput immobilier avait été une réaction contre
le bail et la mainbournie; mais cette réaction s'était portée sur
l'époux noble comme sur l'époux roturier, parce que l'autorité
maritale était la même chez l'un et chez l'autre. Le préciput
commença par être conventionnel. Pourquoi le bourgeois ne
l'aurait-il pas stipulé? Là où la compagnie ne trouva ni air ni
espace pour vivre et grandir, les roturiers durent emprunter au
droit des gentilshommes, et subir le contre-coup des révolutions successives qui du gain de survie des lois barbares avaient
conduit les époux nobles à une véritable communauté. Je ne
vois donc pas comment beaucoup d'auteurs modernes ont at-
tribué spécialement aux nobles le texte des *Établissements de
Saint-Louis.* Je m'appuie, pour les réfuter, sur la place qu'oc-
cupe, au milieu du droit des roturiers, le chapitre 136 du premier livre. J'argumente de cette manière générale de désigner
les époux, *l'om* et *la femme* [2]. On objecte le droit commun, on
cite les *Assises;* mais dans la France coutumière, pouvait-il y
avoir un droit uniforme et certain? A Reims [3], par exemple, au

1. Beaumanoir, ch. XXI.

2. *Établiss. de St-Louis*, ch. 136, I liv. « Si un hom ou une fame achetoient terre
ensemble, cil qui plus vit, si tient sa vie les achats; et quand ils seront morts ambedui,
si retorneront li achat l'une moitié au lignage devers l'home, et l'autre moitié au lignage devers li fame. » M. Troplong, p. 133; M. Ginoulhiac, p. 305; M. Tardif, p. 31,
soutiennent que ce texte ne s'appliquait pas aux roturiers.

3. Giraud, *Essai sur l'hist. du dr. franç. Cout. de Rheims,* t. II, p. 418. —
Documents inédits. Arch. lég. de Rheims, par M. Varin, t I, p. 616. *Cout. civile
du quatorzième siècle,* § 18. « Item se aucun acheste ou acqueste heritaiges avec sa
femme, et la femme trespasse devant, si tost comme elle est trespassée, les hoirs d'elle
sont héritiers de la moitié desdits héritaiges acquestes; mais le mari les tient toute sa
vie; et après son trespas, la moitié en retourne auxdictz hoirs de sa femme, et avec ce
ont iceulx hoirs l'apport d'icelle femme. — Nota. *Quod hoc verum* est entre gens de
poeste, *sed fallit* entre nobles, car à l'omme noble survivant appartiendroient par le
droit des nobles tous les meubles communs. » Voilà qui justifie mon système sur les
deux préciputs mobilier et immobilier.

treizième siècle : « Li ons tient tous les aques qu'il fait entre lui et sa femme toute sa vie. » En Picardie [1], au quatorzième siècle : « Toutesfois que hom et femme acquièrent ensanle, tant à la femme comme li hom, et en doit goir après son décès se elle veut sans empêchement. » Et Bouteiller [2], qui sait si bien distinguer la femme de la dame, n'hésite pas à écrire : « Si aucun achetoit ou autres ensemble, aucune chose ensemble en héritage, celui qui vivroit le plus tiendroit sa vie durant tous les achats ; et tout ainsi feroit la femme si plus vivoit que l'homme, et eux morts, adonc reviendroit la moitié des achats à chacun costé de par l'homme et de par la femme. » Il ne me paraît point possible de prétendre que ces textes soient spéciaux aux nobles ; et si l'époux survivant et roturier gardait ou prélevait, en Champagne, en Picardie, dans l'Ile de France, la jouissance de la part d'acquêts qui revenait aux héritiers de l'autre, pourquoi n'en aurait-il pas été de même en Anjou ?

IV.

La communauté chez les serfs.

Beaumanoir divise les personnes en trois classes : les nobles, les francs, les serfs. Nous avons trouvé la communauté chez les nobles, chez les francs ; la trouverons-nous aussi chez les serfs ?

J'appelle l'attention sur le § 4 du titre XLVII de la loi salique : « *Si autem quis migraverit in villam alienam, et si aliquid infra* XII *menses, secundum legem contestatam non fuerit, securus ibidem consistat, sicut et alii vicini* [3]. » Ce texte doit être rattaché, ce me semble, aux communautés taisibles par an et jour. Je m'explique. Quand la villa fut devenue fief, le seigneur hérita de l'ancien droit des habitants de recevoir ou de ne pas recevoir un étranger chez eux. Le serf ne pouvait ni quitter la seigneurie, ni s'y établir sans le consentement du seigneur. Le droit de poursuite, d'abord général, fut ensuite tempéré par des traités de parcours. Certaines coutumes permettaient au serf de quitter la seigneurie, sauf le droit du seigneur de confisquer les biens. Mais,

---

1. *Marnier, Anc. cout. de Picardie*, quatorzième siècle, tit. IX.
2. *Bouteiller, Somme rurale*, tit. LXXVIII, p. 460.
3. *Cartulaire de Champagne et de Langres*, cité par Brussel, *Usage des fiefs*, t. II, p. 1007 et suiv.

selon d'autres, la résidence pendant un an et un jour, sur la terre
féodale, rendait, à l'échéance du terme, mainmortable et serf.
Je vois dans cette dernière règle le titre XLV de la loi salique,
mis au service de la féodalité.

La misère des temps, l'intérêt des seigneurs, avaient alors
réuni les serfs dans des communautés agricoles. Vivant sous le
même toit, du même pain et du même sel, les serfs se succédaient
les uns aux autres dans la concession indivisible qui leur avait
été faite. A l'acquisition, à la perte des droits de communauté,
on appliqua la prescription germanique : preuve évidente que la
communauté dépendait moins des rapports des serfs entre eux
que des obligations envers le seigneur [1]. Peu à peu, grâce aux
efforts de l'Église, à l'influence du droit romain, à la révolution
communale, à l'action de la royauté, le servage disparaît, mais
l'habitude de vivre en commun demeure. Entre les tenanciers et
les censitaires, les compagnies à pain et à pot se multiplient. Des
serfs, la communauté taisible par an et jour monte jusqu'aux
hommes de poeste. Des campagnes elle gagne la ville, mais avec
un nouveau caractère, qui tient à la condition libre des associés
et à leur complète indépendance de tout service féodal. « Le quarte
manière par quoi compaignie se fet, si est le plus périlleuse, et
dont j'ai veu plus de gens deceus; car compaignie se fet, par
nostre coustume par solement manoir ensanlle, à un pain et à
un pot, un an et un jor puisque li mueble de l'un et de l'autre
sont mellé ensanlle [2]. »

En parcourant la route que fit de la loi salique à Beaumanoir
l'association par an et jour, nous ne rencontrons pas la communauté conjugale. La communauté conjugale n'est pas une société
tacite qui se forme par la confusion des meubles, la vie commune
pendant un certain temps. C'est une société volontaire, et qui
commence « sitot comme mariage est fez. » Beaumanoir, les *Assises*, les *Établissements*, l'*Ancien coutumier d'Artois*, s'accordent pour faire commencer la communauté entre époux du jour
du mariage. Seul, le *Grant coutumier* [3] dit : « ... deux conjoincts

---

1. Guy Coquille, *Sur Nivernais*, ch. VIII, et *Inst. coutum.* des servitudes personnelles. — Loisel, liv. I, tit. I, règle 71 à 78. — Ginoulhiac, *Hist. du rég. dot. et
de la com.*, p. 318. — Tardif, *des Origines de la com.*, p. 30, 31. — Laferrière,
Hist. du droit franç., p. 168, t. I. — Laboulaye, *Cond. des femmes*, p. 383.

2. Beaumanoir, XXI, § 5.

3. *Gr. Coustumier*, fol. 82.

ou deux affins demeurant ensemble par an et jour... ils acquièrent l'ung avec l'aultre communaulté quant aux meubles et con-
questz. » Desmares [1], les *Coutumes notoires du Châtelet* [2] et
l'*Ancienne coutume de Paris* [3] réfutent le *Grant coustumier*, en
nous prouvant qu'à Paris, ni au quatorzième ni au seizième siècle,
ce terme ne fut exigé pour faire commencer la communauté conjugale.

Ne nous contentons pas de l'avis unanime des auteurs, et
voyons à quel point la communauté roturière à pain et à pot dif-
férait des communautés serviles. Les serfs communs, mais seulement ceux qui étaient communs, se succédaient les uns aux
autres. La part de l'associé roturier n'accroît pas à ses coassociés,
mais passe à ses héritiers. La communauté servile embrasse tous
les biens mainmortables meubles ou immeubles. La communauté
roturière est surtout mobilière. Entre serfs, « un parti, tout est
parti, et le chanteau part le vilain. » Entre roturiers, la communauté se continue. Ces différences coulent toutes de la même
source. Les communautés agricoles sont des cadres forcés dans
lesquels le seigneur fait entrer ses mainmortables de gré ou de
force, pour la meilleure exploitation de ses champs. La communauté roturière à pain et à pot est une compagnie qui se forme
volontairement entre hommes de poeste libres, mais qui reçoit sa
consécration de la confusion des meubles pendant l'an et jour.

Pour que la communauté conjugale ait été une compagnie à
pain et à pot entre époux, il aurait fallu que sa naissance dé-
pendît du terme d'an et jour; d'abord ce terme ne date pas du
servage; ensuite, le droit féodal en use quand le droit romain le
lui permet. La saisie des meubles par l'exécuteur testamentaire,
la jouissance et la possession d'une chose immobilière, la saisine
des meubles, le droit de bourgeoisie s'acquéraient par an et
jour [4]. J'espère avoir donné des raisons considérables pour qu'il
n'en fût pas de même dans la communauté conjugale. Huit coutumes cependant exigent ce laps de temps pour faire commencer
la communauté. Mais trois seulement (Chartres, 57,61), Châteauneuf (66,70), Dreux (48,52) l'appliquent à la société tacite mo-

1. Desmarés, déc. 247.
2. *Cout. du Châtelet*, 163.
3. *Ancienne cout. de Paris*, art. 104.
4. *Ordonn.* XI, p. 225. Chaumont, § 10, p. 296. Bray, § 12, p. 263. Sens, § 19,
p. 311. Doullens, § 22. — *Ord.* I, p. 314. Ph. le Bel.

bilière et à la communauté conjugale ; cinq, le fait est notable, (Bretagne, Maine, Anjou, Grand-Perche et Loudunois), ne reconnaissent pas la société tacite mobilière, et toutes les autres font remonter la communauté au jour du mariage. Je veux bien qu'à Chartres, à Châteauneuf, à Dreux, le terme d'an et jour ait été imposé par l'influence des sociétés taisibles; mais ce n'est point avec trois coutumes du quinzième siècle, soutenues par le *Grand Coustumier,* qu'on peut expliquer les origines si diverses de la communauté conjugale. Par les distinctions qu'il établit au chapitre des compagnies, Beaumanoir suffirait seul pour faire condamner le système de MM. Gaupp, Laferrière et Laboulaye.

SECTION IV.

La communauté des Coutumes au Code.

Je touche au terme. Le seizième siècle approche. Les coutumes sont réformées, transcrites, consacrées. Du douzième au seizième, que de progrès, que de changements! La communauté roturière se règle en s'étendant. Née par la force des choses, elle se plie aux nécessités d'une situation toujours nouvelle. Elle se fond avec la communauté des nobles, qui lui octroie la renonciation comme la marque de son alliance; mais, dans cette alliance, la communauté roturière garde le premier rang, car elle a seule le principe de vie, le principe de l'égalité des époux dans l'association.

Si l'on jette un regard d'ensemble sur toute cette période, il n'est pas malaisé d'en apercevoir le caractère général. La position de la femme se fortifie et grandit; l'idée de société peu à peu s'étend; le principe de copropriété sur lequel repose la communauté, ébranle le pouvoir du mari sur les biens communs : on ne peut plus dire, après la rédaction des coutumes, que le mari est seul propriétaire. Cependant les articles 224 de la *Coutume* de Paris, 424 de Bretagne, 178 de Blois, 193 d'Orléans, 134 d'Artois, reconnaissent le mari, j'en conviens, seigneur et maître des meubles et conquêts immeubles faits par lui pendant le mariage. Des doutes s'élevèrent d'abord sur le point de savoir s'il lui était permis de les aliéner sans le consentement de sa femme, et un arrêt du 14 août 1571 avait tranché la question en faveur du mari; mais ce droit, en apparence, si absolu, n'était pas sans limites : le mari, par testament ou donation à cause de mort, ne pouvait donner des biens communs; car, disent les anciens auteurs, la moitié des biens communs appartient à la femme. (Ainsi Nivernais, ch. XXIII, art. 3; Poitou 245, Bourbonnais 236.) Le mari pouvait donner, cela est vrai, mais à personne capable et sans fraude. Il y a fraude, selon Ferrières, quand la chose donnée revient au mari directement ou indirectement, en tout ou en partie. Enfin, plusieurs coutumes ne permettaient même pas au mari de donner au delà de sa part d'acquêts. (Loudun, ch. XXVI, art. 6; Anjou 289, Tours 254, Maine 304.) La portée des coutumes a donc été sur ce point fort exagérée.

Examinons maintenant l'ancienne doctrine. Dumoulin soutenait que la communauté était plutôt *in habitu* qu'*in actu*. *Maritus vivit dominus, moritur ut socius; mulier non est proprie socia, quam speratur fore*. Et d'autre part Pothier, quoique beaucoup moins explicite, penche vers les conclusions de Dumoulin. Comment alors concilier cette proposition de nos deux grands jurisconsultes : *La communauté ne commence qu'à la dissolution du mariage;* et cette autre, sur laquelle ils sont encore d'accord : *La communauté a son point de départ dans la bénédiction nuptiale?* On peut résoudre cette difficulté en distinguant les rapports des époux avec les tiers et les rapports des époux entre eux. Oui, vis-à-vis des tiers, le mari était réputé propriétaire des biens communs; mais s'ensuivait-il qu'entre époux la communauté n'existât pas? Les tiers qui avaient traité avec le mari étaient assurés d'un droit incontestable, parce que le mari avait agi en sa qualité de chef de la communauté, en son nom et au nom de sa femme. C'est ce qui a fait dire à Ferrières : « Le mari est maître des biens de la communauté, comme si la femme n'était pas commune avec lui; » et à Laurière : « Mais le mari n'est pas propriétaire, si ce n'est de sa moitié seulement. » Ainsi tout s'éclaircit. La première assertion de Dumoulin : « la communauté a son point de départ dans le mariage, » donne la mesure des droits qui sont attribués au mari dans ses rapports avec les tiers, et correspond à l'art. 225 de la *Coutume de Paris*. La seconde : « la communauté ne commence que lorsque le mariage est dissous, » détermine la situation des époux dans la société conjugale, et correspond à l'art. 220 de cette Coutume. Donc, au seizième siècle, la communauté existait pendant le mariage, et le mari n'était point propriétaire absolu des biens communs.

Le soin avec lequel les coutumes règlent et limitent les pouvoirs du mari sur les biens communs est un symptôme du travail qui se faisait dans la communauté. Il s'agissait d'introduire dans la pratique la théorie de l'égalité. Environnée d'un prestige séculaire, la puissance maritale imposait le respect; on n'avait pas osé porter sur elle une main trop hardie. Mais la mort rend à chacun sa place, et la fiction disparaît devant la réalité. Les mœurs, la jurisprudence, les auteurs attendirent ce moment pour voler à la défense de la femme, et la couvrir contre le mari par une série de mesures nouvelles et efficaces.

Le mariage est dissous par la mort du mari : jadis la femme roturière était tenue; maintenant elle peut accepter ou renoncer. Ferrières remarque que ce choix est contraire à la nature de la société; mais la tradition qui donnait la renonciation aux femmes nobles, se joignant au désir de balancer l'omnipotence du mari, généralisa le privilége. Loisel nous apprend que cet usage fut accordé aux veuves des roturiers par le crédit de Jean-Jacques de Mesmes, lieutenant civil et maître des requêtes [1]. L'art. 115 de l'*Ancienne coutume de Paris* fut corrigé à cet égard par l'art. 237 de la nouvelle [2]. Des arrêts de 1568, 1587, 1589, étendirent le droit de renoncer aux héritiers de la femme. Néanmoins à cette époque la femme noble n'avait pas encore reçu le bénéfice d'inventaire. (Arrêt de 1603 [3].)

Prenons parti pour la femme. Elle accepte. Elle doit la moitié des dettes, même sur ses propres; cette décision est conforme à l'esprit de la société. Tel était l'ancien droit; mais les auteurs firent observer qu'avec cette règle le mari pouvait indirectement aliéner les propres de sa femme. La jurisprudence s'unit aux auteurs, à Dumoulin en particulier; et Coquille, citant l'arrêt du parlement de Paris du 14 août 1567 [4], ajoute : « J'y estois présent, et fut dit que la veuve prendroit ses propres et son douaire sans charge des debtes faites par le mari. » Lors de la révision des coutumes, cette innovation devint de droit commun. Elle est consacrée par l'art. 228 de la *Nouvelle coutume de Paris.*

Dans l'ancien droit, la vente du propre de la femme sans son

1. Loisel, n° 11.
2. Dumoulin sur Paris, art. 116 de l'anc. Coutume.
3. Ferrières sur Paris, t. I, p. 607.
4. Coquille sur Nivernais, t. xxiii, art. 7. *Inst. au droit français*, t. des droits des gens mariés, question 109.

consentement était radicalement nulle. « Mais voirs est que li trei-
fons de l'iretage, qui est de par le feme, ne pot li maris vendre,
se ce n'est de l'otroi et de le volonté de se feme [1]. » Si la femme
avait consenti, le mari devait-il faire remploi? La question était
douteuse au treizième siècle [2]. En général, on avait recours à des
stipulations; c'est sous cette forme que le remploi prit crédit.
Peut-être pourrait-on trouver à la fin du quatorzième siècle des
cas de remploi sans conventions [3]; mais jusqu'au seizième, on se
demanda si les deniers provenant de la vente d'un propre ne
devaient pas tomber dans la communauté [4]. Un arrêt célèbre de
1567 tint la négative, parce qu'il est défendu aux conjoints de
s'avantager mutuellement. L'*Ancienne coutume de Paris* gardait
le silence sur ce point; l'art. 232 de la nouvelle adopta la doctrine de la jurisprudence. Un autre arrêt de 1585 décida que si
les biens de la communauté ne suffisaient pas, le remploi se fe-
rait sur les propres du mari.

C'est enfin à la même époque, dans la dernière moitié du
quinzième siècle, que l'hypothèque légale entra dans la coutume
par la convention. Elle venait du midi par le centre de la France
couronner le système de garanties que les mœurs élevaient peu
à peu autour de la femme. Les jurisconsultes comme Chopin, Bro-
dean, Ferrières, l'accueillirent avec faveur, et les arrêts de 1609,
1614, 1616, accordèrent à la femme hypothèque légale avec ou
sans stipulations, du jour de son contrat de mariage.

CONCLUSION.

En quelques mots j'essaye de résumer ce long travail et je
propose les conclusions suivantes.

I. Le point de départ de la communauté de biens entre époux
ne se trouve ni dans le droit celtique, ni dans le droit romain, ni
dans le droit germanique tel que Tacite l'a décrit.

II. Sous les rois des races mérovingienne et carolingienne la
communauté n'existe pas; mais deux institutions la précèdent et
l'annoncent. Le *dotalitium*, qui absorbe le *morgengab* et la do-

---

1. Beaumanoir, ch. xxi, § 2.
2. Les *Olim*, t. I, p. 150, 1261.
3. Baluze, *Hist. généalogique de la maison d'Auvergne*, p. 773; transaction de
1389.
4. Ferrières sur l'art. 232 de la *Cout. de Paris*, t. I, p. 568.

natio propter nuptias, et crée dans les mœurs une espèce de société d'acquêts : le gain de survie des lois barbares et du capitulaire de 821, qui assure à la femme franque une part dans les acquêts et les meubles. Ces deux institutions sont l'expression juridique d'une situation nouvelle, et de l'influence de l'Église.

III. Dans le grand mouvement qui constitue la société féodale, la communauté des gentilshommes prend naissance par la transformation du *dotalitium* et du gain de survie des lois barbares. En effet, les devoirs du fief empêchent le *dotalitium* de former une donation de biens présents, l'incertitude de l'avenir, une donation de biens à venir. Des acquêts, le *dotalitium* passe aux propres et s'y fixe. D'une donation en pleine propriété, le *dotalitium* tourne à l'usufruit. La révolution qui se fait dans le douaire conventionnel ne compromet pas la position de la femme. Philippe-Auguste établit le douaire légal : et le droit de la veuve aux acquêts et aux meubles, se perpétue par la coutume. On ne s'aperçoit pas qu'en cessant d'être légal, en devenant coutumier, le gain de survie change de nature. La veuve noble semble invoquer un droit de succession, un droit de veuve. Elle recueille en réalité un droit de propriété.

Le droit de renoncer, conséquence naturelle d'un droit de succession, survit au droit de succession, qui disparaît. Le droit de renoncer continue à s'exercer, sur le nouveau droit coutumier de la femme à la propriété des meubles communs.

Au treizième siècle, la veuve noble ne renonce qu'aux meubles et aux dettes mobilières. Plus tard, quand la nature du fief n'est plus une raison suffisante pour écarter la femme des acquêts immobiliers, une masse commune se reforme sur laquelle le droit s'applique.

Le droit de renoncer se lie au gain de survie des lois barbares; mais il y eut, au moment des croisades, une renaissance du droit de renoncer. Pour distinguer le mariage féodal du mariage roturier, l'orgueil aristocratique environne d'un nouveau cérémonial l'antique droit de renoncer. De là cette erreur du grand Coutumier, que la renonciation date des croisades.

Le préciput est la forme féodale de la communauté; mais ce n'est pas la seule. La communauté bourgeoise envahit le régime matrimonial des gentilshommes.

IV. Le second élément de la communauté conjugale, l'élément capital et distinctif est la compagnie roturière; née de l'égalité morale et pécuniaire des époux, des efforts de l'Église et du droit canonique, de la nature non féodale des valeurs mobilières, de l'absence du douaire roturier dans un grand nombre de coutumes, et surtout des nécessités sociales, qui, par une réaction universelle, précipitaient les classes inférieures dans l'association, la compagnie bourgeoise est une société volontaire.

De là cette double conséquence que la femme ne renonce pas, et que sous l'omnipotence du mari se cache une situation nouvelle, le mandat de la femme au mari associé.

De même que les gentilshommes descendent jusqu'à la compagnie roturière, de même les roturiers s'élèvent jusqu'au préciput immobilier.

V. La communauté conjugale n'est pas une compagnie à pain et à pot entre époux; à plus forte raison, ne descend-elle en aucune manière des communautés serviles.

VI. La communauté coutumière s'est donc formée du mélange de la communauté des gentilshommes et de la compagnie bourgeoise. La communauté des gentilshommes, dont l'histoire remonte aux deux premières races, apporte comme éléments définitifs la puissance maritale dans ce qu'elle a de plus absolu, le préciput et la renonciation. La communauté des roturiers contient seule le principe fondamental, l'égalité des époux dans une association volontaire, la théorie du mandat de la femme au mari associé. Au seizième siècle, les deux communautés tendent à confondre leurs règles et leurs principes. Les mœurs font un compromis : la communauté des nobles daigne accorder à la compagnie roturière son privilége de renonciation, mais la compagnie roturière impose à la communauté des nobles sa théorie du mandat au mari associé. Dès lors la position de la femme se consolide, le pouvoir du mari s'affaiblit. La jurisprudence organise les remplois, les récompenses, l'hypothèque légale. L'idée de société domine de jour en jour, et la communauté conjugale s'introduit dans le code civil, portant encore toute fraîche l'empreinte des transactions qu'elle a acceptées, des révolutions qu'elle a subies en traversant les siècles.

Paris. — Typographie de Firmin Didot frères, fils et Cie, rue Jacob, 56.